2021
全国象棋个人赛
精彩对局解析

刘锦祺　编著

辽宁科学技术出版社

沈　阳

图书在版编目（CIP）数据

2021全国象棋个人赛精彩对局解析 / 刘锦祺编著. —
沈阳：辽宁科学技术出版社，2023.10
ISBN 978-7-5591-3160-7

Ⅰ.①2… Ⅱ.①刘… Ⅲ.①中国象棋–对局（棋类
运动） Ⅳ.①G891.2

中国国家版本馆CIP数据核字（2023）第153750号

出版发行：辽宁科学技术出版社
　　　　　　（地址：沈阳市和平区十一纬路25号　邮编：110003）
印 刷 者：辽宁新华印务有限公司
经 销 者：各地新华书店
幅面尺寸：170mm×240mm
印　　张：11
字　　数：120千字
印　　数：1～3000
出版时间：2023 年 10 月第 1 版
印刷时间：2023 年 10 月第 1 次印刷
责任编辑：于天文
封面设计：潘国文
责任校对：徐　跃

书　　号：ISBN 978-7-5591-3160-7
定　　价：48.00元

联系电话：024-23284740
邮购热线：024-23284502
E-mail:mozi4888@126.com
http://www.lnkj.com.cn

前　言

　　受持续不断的疫情影响，原本定在2021年11月在银川市举办的第56届全国象棋个人赛被迫停办，这也是自1977年第12届全国象棋个人赛复办之后，首次中断。好在，2021年中国象棋协会积极推行快棋等级分并成功举办首届全国象棋个人赛快棋赛，弥补当年个人赛没有举办的不足。

　　本书以2021年全国象棋个人赛快棋赛为主要选材依据，分别选择快棋赛男女26则对局，选择超快棋赛男女24则对局。考虑到全书篇幅的问题，从全国象棋甲级联赛、全国象棋团体赛中选择20则25回合以内的年度精彩短局，选择全国大赛中（以象甲联赛和团体赛为主）精彩的中残局片段20则，其中中局10则，残局10则。

　　依此内容，全书共分三大部分：第一部分年度篇，即年度中残局和年度短局；第二部分快棋赛26局；第三部分超快棋赛24局。

　　从编者角度来看，虽然本书在疫情期间仍能出版，保持辽宁科学技术出版社每年一本杯赛对局解析、一本个人赛对局解析的出版延续性，但是受困于首届快棋个人赛可以选择的棋局不多，在解析选材的质量上较以往的慢棋个人赛有所下降，这是不争的事实。

　　囿于笔者的棋艺水平和学识，书中失当之处在所难免，敬希棋界行家赐教。借此机会，对经常关心、鼓励笔者撰写本书的各位棋友表示感谢。

刘锦祺

2022年7月18日

前
言

目　录

2021全国象棋个人赛精彩对局解析

2021全国象棋个人赛精彩对局解析

目　录

第一部分　2021年度篇

年度中残局

第1局　车卒临门　攻势强劲

红方先行（图1-1）

1. 炮六平七　　士4进5

面对红方捉马，实战中黑方选择弃马抢攻，黑方如车8退3保马，则车八平七，车1平2，炮七进四，车2进1，炮七进一，士4进5，炮七平九，红方略优。

2. 炮七进四　　车1平4

3. 车八退二　　……

黑方中炮是其进攻的关键子，退车盯住中炮，随时砍炮弃还一子。

3. ……　　　　卒7平6

4. 帅五平四　　车8平6

5. 车一进一　　……

二路线是红方重要防守线路。

5. ……　　　　炮5退1

6. 马八退九　　……

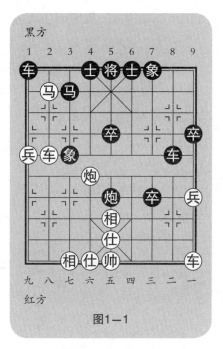

图1-1

退马失去了防守位置，红方还应车八进一，卒5进1，马八退七，象7进5，炮七平六，车6退1，马七退五，炮5平6，帅四平五，车4进1，马五退四，及时简化局面，双方大体均势。

6. ……　　　　卒6进1　　7. 帅四平五　　车6平8

8. 车一退一　　卒6进1

黑方利用顿挫战术逼退红车，再冲6路卒，红方两肋都被黑方控制，左翼车、

马、炮三子归边却难以形成攻势，黑方弃马的战术已经获得成功。

9. 车八平五　车 4 进 5　　10. 马九进七　卒 5 进 1

11. 炮七平九　车 8 退 2

限制红方双车以后，黑方再转攻红方马炮，次序井然。

12. 马七进八　象 3 退 1　　13. 炮九进一　象 1 退 3

14. 马八退七　象 3 进 1　　15. 马七进八　象 1 退 3

16. 车一平三　车 4 进 3

卡住相眼，继续限制红方子力的活力。

17. 兵九平八　车 8 进 6　　18. 马八退七　象 3 进 1

19. 马七进八　象 1 退 3　　20. 仕五退四　将 5 平 4

21. 马八退七　将 4 进 1　　22. 炮九退九　车 8 退 2

捉车的同时准备转攻红方中路。

23. 车五进一　卒 5 进 1　　24. 仕四进五　卒 5 进 1

25. 相五进七　车 8 进 2　　26. 仕五退四　车 8 退 3

27. 兵八平七　车 8 平 3

红方认负。

选自：成都 汪洋　vs　广东 许国义　2021年腾讯棋牌天天象棋全国象棋甲级联赛

第 2 局　三子归边　势如破竹

红方先行（图1-2）

1. 兵三进一　马 6 进 7

进马捉车，见缝插针。

2. 车五平四　……

红车不能离开巡河线，如车五进二，卒 7 进 1，车二进二，车 4 平 7，红方右翼防守压力太大，黑方优势。

2. ……　　　炮 8 进 2

进炮压车并给车 8 进 7 攻马留出位置。

3. 兵三进一　车 8 进 7

此处暗伏车8平7，车二进一，车7进2，炮四退一，车7平6，仕五退四，马7进8得子的手段。

4. 车四退二　马7进9

5. 车二平四　士6进5

攻不忘守，老练。

6. 兵三平四　炮5平6

7. 兵四平五　车4平5

8. 炮四进六　车5平7

不吃红炮反捉三路马，保持攻势的紧凑有力。

9. 炮四退三　车8平7

10. 炮四平五　士5进6

11. 前车平三　车7进3

兑车以后，黑方三子归边势如破竹。

12. 车四进二　马9进7　　13. 帅五平四　车7退1

14. 车四进五　将5进1

红方仅有车炮参与进攻，无法成杀，黑方将5进1以后防住红方抽将，可保后防无恙。

15. 车四进一　将5退1　　16. 车四进一　将5进1

17. 车四退一　将5进1　　18. 车四退一　将5退1

19. 车四进一　将5进1　　20. 炮五平三　车7平9

21. 兵五进一　……

进中兵远水不解近渴，黑方胜势。

21. ……　　　车9进3　　22. 相五退三　炮8进1

23. 相三进五　炮8退1　　24. 相五退三　马7退8

红方认负。

选自：杭州　申鹏　vs　深圳　洪智　2021年腾讯棋牌天天象棋全国象棋甲级联赛

003

第3局　马到成功　丝丝入扣

红方先行（图1-3）

1. 炮六进一　　马7进9

2. 炮二进一　　……

封锁二路线,不给黑方车9平8的先手。

2. ……　　　炮7平3

抢先控制3路线,红方如马八进七,黑方立刻卒3进1进行攻击。

3. 兵五进一　　炮1进4

4. 炮六平三　　炮1平9

急于找到攻击点,反而给红方占据优势的机会,改走象7退9较为顽强。

5. 炮三进六　　将5进1

6. 车四平三　　……

破象后,黑方后防出现危险。

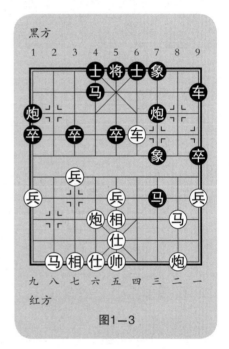

图1-3

6. ……　　　炮3平5　　7. 车三退一　　炮5进3

8. 车三退一　　炮5退1　　9. 马八进七　　……

红方马投入战场后,由于黑方子力位置欠佳,对红马难以遏制,眼睁睁看着红方攻入黑方腹地。

9. ……　　　马9进8　　10. 马七进五　　炮9进3

11. 相五退三　　车9平6　　12. 相七进五　　……

为红马的腾跃创造条件。

12. ……　　　马4进2　　13. 马五进六　　马2退3

14. 车三进二　　将5平4　　15. 车三平五　　马3进4

16. 马六进七

伏有马七进八的绝杀手段,黑方认负。

选自:杭州 王天一　vs　成都 赵攀伟　2021年腾讯棋牌天天象棋全国象棋甲级联赛

2021全国象棋个人赛精彩对局解析

第4局 火力压制 全线封锁

红方先行（图1-4）

1. 马二进三   炮9退1

借退炮打兵之机，先手调整炮位。

2. 兵七进一   ……

冲兵对黑方的攻击过于从容，不如炮六进六兑炮，保持局面的复杂为宜。

2. ……   车2进6

底兵对黑方威胁不大，进车兵林线抢占要点。从这两回合行棋的进程来看，黑方获利颇多。

3. 炮五退一   炮9平7

4. 炮五平七   马7进6

反捉红方三路马，强硬。

5. 相三进五   马3进4

6. 马三进二   ……

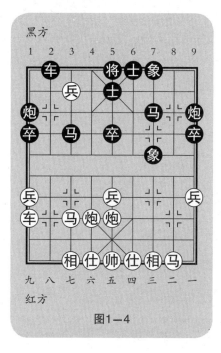

图1—4

如改马七进六，则马6进4，仕四进五，车2平3，炮七平八，炮1平2，马三进四，车3平5，黑优。

6. ……   炮1平5   7. 炮七平五   车2平3

8. 炮五平七   ……

红方此时也不好马七退九忍让，黑方炮5平8后，伏有车3进2的先手，红方受攻。

8. ……   炮5进4   9. 仕四进五   车3平2

10. 炮六退一   炮5退2

让出车位，准备转攻红方右翼。

11. 马二进四   马4退6   12. 炮六进四   炮5进1

13. 炮六平三   象7进5   14. 炮三退四   车2平8

黑方认负。

选自：江苏 王昊 vs 广东 许银川 2021年腾讯棋牌天天象棋全国象棋甲级联赛

第5局 以攻对攻 处处争先

红方先行（图1-5）

1. 兵五进一 ……

红方冲中兵首先发起进攻。

1. …… 炮2进5

黑方置之不理，反客为主攻击红方。如炮2平5（卒5进1，车七进二，马1退3，车三平八，红方大优），兵三进一，卒7进1，炮五进三，卒5进1，马五进三，红方主动。

2. 车七进二 马1进2

3. 车七退二 马2退1

4. 车七进二 马1进2

5. 车七退二 马2退1

6. 炮五平七 ……

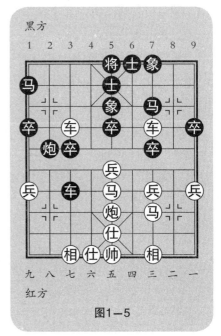

图1-5

平车拦炮无奈之举。如车七平六，则车3进3，仕五退四，卒3进1，黑方优势更大。

6. …… 卒5进1 7. 车七进二 卒5进1

不逃马反捉红方中马，强硬，准确地抓住红方棋形的弱点。

8. 车七平九 卒5进1 9. 车三平六 士5退4

10. 炮七平八 ……

如改车六退四保炮，则车8进1，车九平八，炮2退6，炮七平九，车3平1，车八平六，士4进5，前车平九，炮2平3，车九进一，炮3退3，车六进六，炮3平4，黑方稳住后防以后，多卒占优。

10. …… 车3进3

进车杀相，黑方发动进攻。

2021全国象棋个人赛精彩对局解析

11. 炮八进七　　士4进5　　12. 车九平八　　炮2平1

13. 炮八平九　　车3退2　　14. 车八退八　　车3平7

15. 车八平九　　……

交换以后，黑方子力调运到红方弱侧。

15. ……　　　车7进2　　16. 仕五退四　　马7进6

17. 车六进二　　车7平6　　18. 帅五平四　　车8进7

19. 帅四进一　　马6进7　　20. 帅四平五　　卒5进1

21. 帅五平六　　车8退1

红方认负。

选自：江苏 王昊　vs　广东 许银川　2021年腾讯棋牌天天象棋全国象棋甲级联赛

第6局　抽丝剥茧　绵里藏针

红方先行（图1-6）

1. 炮八退四　　马6进4

2. 炮八平九　　炮1平3

虽然双方子力完全相同，但是红方子力位置稍差，黑方抓住对方这个弱点，施展鬼魅残功，步步紧逼，力求在平稳的局面中，找到最佳的攻击点。

3. 马七进六　　马4进3

4. 帅五进一　　炮3平2

5. 马六进八　　炮2进2

准备转攻红方中路，把马炮卒的攻力效能发挥至最大。

6. 炮九进五　　炮2平5

7. 帅五平六　　炮5平4

8. 炮九退二　　炮4进2

进炮叫杀，继续对红方进攻施压。

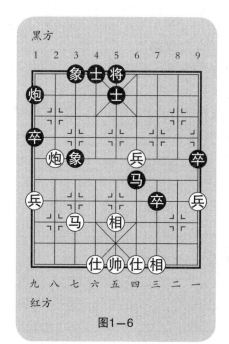

图1-6

9. 仕六进五　马3退4　　10. 仕五进六　马4进2

11. 帅六平五　炮4平5　　12. 帅五平四　马2退4

黑方炮镇中路，马和卒分占两肋，这是黑方最佳的进攻阵形。

13. 马八进七　卒7平6　　14. 相五退七　炮5平4

15. 马七退五　卒6进1　　16. 帅四平五　炮4进2

破仕的同时，限制红方的回防。

17. 帅五平六　炮4平2　　18. 炮九平五　象3进5

19. 仕四进五　卒6进1　　20. 炮五退一　卒6平5

21. 帅六进一　……

再破一仕，黑方胜利在望。

21. ……　　　　炮2退6　　22. 马五退四　马4退2

23. 帅六平五　马2进3　　24. 炮五平八　士5进6

25. 兵四进一　炮2平5　　26. 帅五平六　马3退4

27. 炮八进六　象5退3　　28. 兵四平五　马4进6

黑胜。

选自：上海 蒋融冰　vs　广东 许银川　2021年腾讯棋牌天天象棋全国象棋甲级联赛

第7局　蚕食战术　破卫攻将

红方先行（图1-7）

1. 马三进四　士4进5　　2. 炮八平九　炮4平3

3. 马七退九　……

退马以后马九进八谋黑方1路卒。但是不如马七进八,卒5进1,炮九平三,炮3退1,马八进九,红方子力稳步推进,保持先手。

3. ……　　　　炮3平4　　4. 马九进八　马1进3

5. 炮九平五　炮9进1　　6. 炮六平七　马7进5

7. 马四进五　马3进5　　8. 马八进六　……

改走马八进九吃卒更实惠。

8. ……　　　　炮9平1

9.马六进四　　马5进4

在红方的"放纵"下，黑方子力深入红方阵地，黑方谋划反攻。

10.仕四进五　　卒1进1

先不急于卧槽叫将，先进边卒，蚕食红方阵地。

11.马五退四　　炮1进3

12.相五退七　　马4进2

13.相三进五　　炮4进6

进炮塞相眼，捉死红相，撕开红方防线。

14.仕五退四　　马2进3

15.帅五进一　　马3退1

16.炮七平六　　……

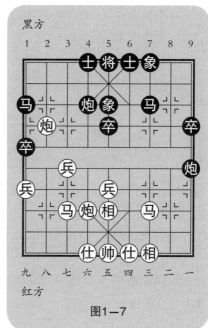

图1—7

如改走帅五平六，马1退3，前马进六，将5平4，兵五进一，卒1平2，兵五进一，炮1平6，黑方占优。

16.……　　　　炮4平2　　17.帅五平四　　马1退2

18.炮六进三　　马2进3　　19.帅四进一　　炮1平6

通过蚕食，黑方破卫获胜，红方认负。

选自：浙江　徐崇峰　vs　京冀　蒋川　2021年腾讯棋牌天天象棋全国象棋甲级联赛

第8局　以暴制暴　得子得势

红方先行（图1-8）

1.车二平四　　车8进4　　2.车八平六　　……

伏有车四进四的手段，如改走炮五平六，则卒3进1，车八平七，马1进3，车七退四，炮3进8，仕六进五，车8平2，黑方优势。

2.……　　　　车3退4

兑车的目标是车8平2转攻红方薄弱的左翼。

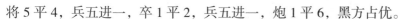

3. 车六平七　　卒 3 进 1

4. 车四平七　　车 8 平 2

5. 兵五进一　　车 2 退 4

6. 炮九退一　　车 2 进 6

先退车捉炮解除对底象的牵制，再进车兵林线，控制红方马三进五中路突破。

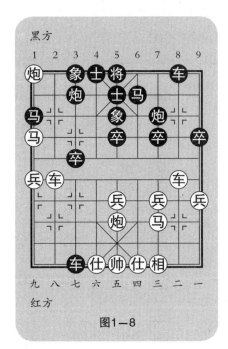

图 1—8

7. 兵五进一　　车 2 平 7

8. 马三退五　　卒 5 进 1

9. 马五进七　　车 7 平 2

10. 相三进一　　马 6 进 8

红棋虽然四子归边，但在黑方暴力的攻击下，防守羸弱。

11. 马七进八　　马 8 进 7

在进攻速度上显然黑方更快。

12. 仕四进五　　马 7 进 8　　　13. 炮五平二　　炮 7 平 8

红方认负。

选自：浙江 尹昇 vs 杭州 王天一　2021年腾讯棋牌天天象棋全国象棋甲级联赛

第 9 局　双马盘旋　抢先夺势

红方先行（图 1-9）

1. 兵五进一　　车 8 进 3　　　2. 兵五平六　　炮 3 退 3

3. 车六平七　　……

同样是避开黑方炮 3 平 4 的先手，红方先平车反击力更强。如直接走马六进四，则炮 3 平 4，车六平七，士 5 退 4，仕六进五，炮 4 平 5，车七进一，炮 5 进 5，车七平五，车 8 平 4，双方大体均势。

3. ……　　　　炮 3 平 4　　　4. 车七进五　　车 2 平 1

逼黑车退至边路，红方进攻的空间更大。

5. 马六进四　　炮7进1

6. 车七进一　　炮7平2

7. 车七平六　　炮2平4

8. 仕六进五　　车1平4

9. 车六进一　　士5退4

双方子力交换以后，红方的进攻方向放在黑方右翼。

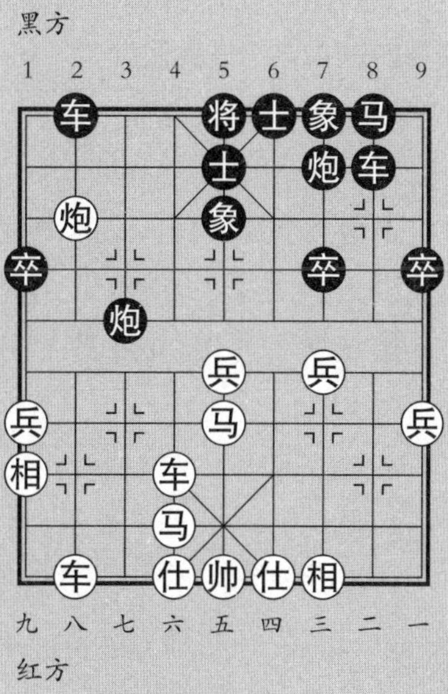

10. 车八进六　　马8进9

11. 车八平六　　炮4平3

12. 马五进七　　士6进5

13. 马四进五　　……

双马盘旋而上，稳步推进。

黑方

图1—9

13. ……　　　　车8平6

14. 马七进八　　卒9进1

15. 相三进五　　炮3平2　　16. 马五进七　　炮2平3

17. 兵六平五　　车6进2

如车6平5，则马八进七，将5平6，车六平四，士5进6，后马进六！红速胜。

18. 兵五进一　　车6退2　　19. 马七进九　　炮3平2

20. 马八退七　　炮2进4　　21. 车六退三　　炮2退2

22. 车六平五　　马9退7　　23. 马七进六　　车6平4

24. 马九进七

黑方认负。

选自：成都 汪洋 vs 江苏 孙逸阳　2021年腾讯棋牌天天象棋全国象棋甲级联赛

第10局　车炮破卫　捷足先登

红方先行（图1-10）

1. 兵九平八　　……

平兵虚虚实实，如黑方随手车2退3，则马四进六，红方大优。

　　1.……　　　　炮4平6

　　2.兵八平七　　炮3退2

退炮力求稳，如炮6进4，则前兵进一，士4进5，车九平二，马8进9，炮四进五，士5进6，车二平四，炮6平4，车四进二，红方得士。

　　3.马四进六　　炮6进6

　　4.炮六平四　　卒5进1

冲卒拦马作用不大，红方仍然可以通过马六进八再马八进七卧槽马攻将。红方抓住黑方这着缓手，迅速扩先。

　　5.马六进八　　车2平4

　　6.前兵进一　　……

也可以先走马八进七，车4退5后再马七退六封车。

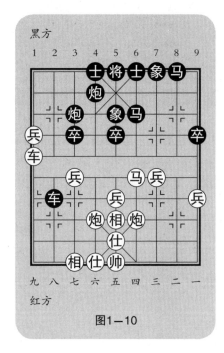

图1—10

　　6.……　　　　士4进5　　　7.相五退三　　炮3平4

　　8.马八进七　　炮4进1　　　9.炮四平八　　马8进7

如车4平2拦炮，则车九进四，士5退4，前兵平六，象5进3，炮八平六，士6进5，兵六进一，红胜势。

　　10.炮八进七　　车4平2　　　11.车九进四　　车2退5

　　12.炮八平四　　……

打士闪击，黑方防线支离破碎。

　　12.……　　　　士5退4　　　13.炮四退一　　将5进1

　　14.炮四平六　　将5平4　　　15.前兵平六　　将4平5

　　16.马七退六

黑方认负。

　　选自：杭州　王天一　vs　上海　赵玮　2021年腾讯棋牌天天象棋全国象棋甲级联赛

第11局　单车巧胜炮双象

红方先行（图1-11）

1. 车四退六　　　炮5退3

2. 车四平二　　　将5平4

3. 车二进五　　　将4退1

4. 车二进一　　　将4进1

5. 车二退三　　　……

退车捉炮，以后控象占中车，为取胜

要点。

5. ……　　　　　炮5进3

6. 车二平六　　　将4平5

7. 车六平五　　　炮5平8

8. 车五退一

黑方必失一象，红方胜定。

选自：江苏　程鸣　vs　吉林　张伟

2021年即墨杯全国象棋团体赛

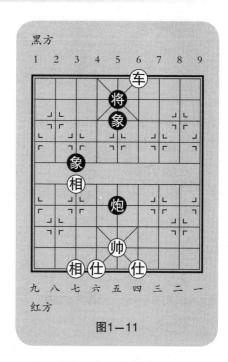

图1-11

第12局　车炮双兵仕相全胜车炮卒单缺象

红方先行（图1-12）

1. 兵五进一　　　……

红方仅靠已经过河的车、炮、兵三子是不够的，红方中兵过河参加战斗，

增加了取势的砝码。

1. ……　　　　　车1平5　　　2. 兵一平二　　　炮5平2

3. 兵五平四　　　象3进5　　　4. 车三进四　　　将6进1

5. 车三退三　　　卒1进1

黑方过边卒，希望在红方没有展开攻势之前，加快反击节奏，对红方后防

有牵制。

6. 车三平四　　士 5 进 6

7. 兵二进一　　象 5 进 3

8. 车四平七　　象 3 退 1

9. 车七进一　　炮 2 进 7

10. 兵二平三　　炮 2 平 1

11. 兵三进一　　士 4 进 5

12. 炮二平九

叫杀，伏有兵三进一，将 6 退 1，车七进二再车七平六的杀棋，黑方认负。

选自：深圳　刘明　vs　山东　谢岽　2021 年即墨杯全国象棋团体赛

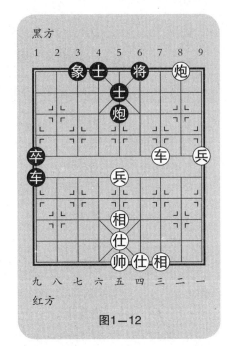

图 1—12

第 13 局　车兵单缺相胜车双卒双象

红方先行（图 1—13）

1. 车四退五　　卒 9 进 1

2. 兵五进一　　车 4 平 2

3. 车四平六　　……

平肋车准备掩护兵从肋线攻入九宫。

3. ……　　　车 2 进 3

4. 仕五退六　　将 5 退 1

5. 兵五平六　　……

借肋车助攻作用，冲击黑方九宫。

5. ……　　　车 2 退 6

6. 兵六进一　　象 5 进 7

7. 车六进一　　车 2 退 1

8. 兵六进一　　象 7 进 5

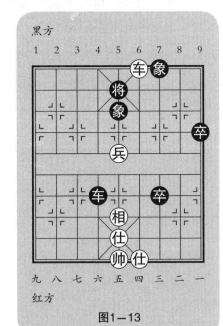

图 1—13

9. 车六平九　　车2退2

10. 车九进三

以后红方兵六平五抢占宫心，红方胜定。

选自：上海 赵玮杂　vs　深圳 刘明　2021年即墨杯全国象棋团体赛

 第14局　双炮马兵仕相全对双炮马单缺象

红方先行（图1-14）

1. 兵三平四　　马5进6

2. 兵四进一　　炮6平2

如改走炮6平4，则马六退四，马6
退8，马四进二，士4进5，兵四平三，马
8进6，相五进三，炮9进2，炮五进三，
炮9平5，帅五平四，士5进6，炮五平九，
吃象后，红方胜势。

3. 仕五进四　　马6退5

4. 炮七平四　　炮9退3

如炮9退1，则仕四退五，炮9平6，
炮五退一，炮2进4，相七退九，士4进5，
马六退五，士5进6，炮五进三，红方胜定。

5. 仕四退五

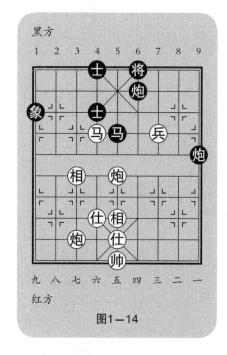

图1—14

以下黑方只能炮2平6垫炮，兵四进
一，红方得子。如马5进6，则兵四进一，将6平5，炮四进二，下着炮四平五绝杀。
本例行棋至此，黑方认负。

选自：煤矿 景学义　vs　山东 李翰林　全国象棋团体赛

第15局　双马兵仕相全胜双马单士象

红方先行（图1—15）

1. 相三进五　……

飞相拦马，限制黑双马的活动空间。

1. ……　　　　前马进8

2. 帅四平五　　马6进4

3. 帅五进一　　马8退7

准备下着马4退5交换，简化子力。

4. 马七退八　　马4退5

5. 兵四平五　　马5退7

6. 相五进三　　后马进5

7. 马八进六　　将6进1

8. 前马退五　　将6退1

9. 马五进三　　将6进1

10. 马三退二　　……

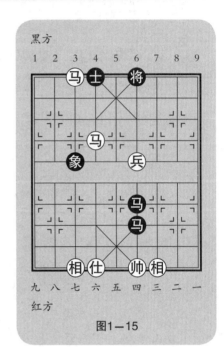

黑方

1 2 3 4 5 6 7 8 9

九 八 七 六 五 四 三 二 一

红方

图1—15

红方连续运马，选点准确。

10. ……　　　将6退1　　11. 马二进四　　马5进4

12. 相七进五　　象3退1　　13. 马六退四　　马7退5

14. 马四进六

下着马四进三绝杀。

选自：成都 李少庚　vs　黑龙江 赵国荣　全国象棋团体赛

第16局　车马炮兵仕相全对车马炮三卒单士象

红方先行（图1-16）

1. 车八进三　　士5退4　　2. 车八退六　　……

伏有车八平二捉马的手段。

2. ……　　　　马 8 退 7

3. 车八平二　　炮 4 进 1

4. 炮五退二　　炮 4 平 5

5. 车二平三　　车 5 平 9

6. 帅五平四　　马 7 进 9

如车 9 平 7 保马，则炮五平三，红方仍可得子。

7. 车三平二　　炮 5 退 2

8. 兵六进一　　车 9 平 6

9. 炮五平四　　马 9 退 8

10. 兵六平五　　炮 5 退 1

11. 马六进四　　车 6 平 4

12. 车二进一　　……

利用黑方中路空虚的弱点，车二平五捉炮。

12. ……　　　　士 4 进 5　　　13. 车二平五　　马 8 退 7

14. 兵五平四

黑方必失一子，红方胜定。

选自：大连体育总会　卜凤波　胜　中国煤矿　景学义　2021 年即墨杯全国象棋团体赛

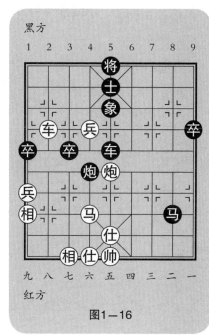

图 1—16

第 17 局　车兵仕相全胜双卒士象全

红方先行（图 1-17）

1. 兵五进一　　……

一兵换双象好棋，抓住黑方双卒不能遮拦肋线的弱点，积极进攻。

1. ……　　　　象 7 进 5

2. 车五进四　　将 5 平 6

3. 车五退一　　将 6 进 1

黑方不能靠近肋线，否则无法形成守和的阵形。

4. 车五平四　　士5进6

5. 帅五平四　　……

出帅助攻，要点。

5. ……　　　士4进5

6. 车四平二　　……

实战对局至此结束，以下为续走着。

6. ……　　　士5进4

7. 车二进一　　士4退5

8. 车二进一　　将6退1

9. 车二平五

红胜定。

选自：湖北 洪智 vs 上海 孙勇

征 2021年即墨杯全国象棋团体赛

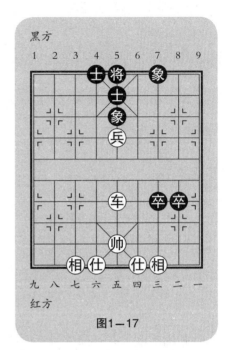

图1—17

第18局　双马双兵单缺象胜双炮双士

红方先行（图1-18）

1. 兵六进一　　炮2平5

2. 仕四退五　　士5进4

3. 马八进六　　……

红方用兵换掉双士，利用八角马控住黑将。

3. ……　　　炮5平4

4. 马六退七　　前炮平5

5. 马三进一　　……

双马兵攻击的要点是要用一马控制黑将，另一马配合兵进行直攻黑将。

5. ……　　　将6平5

6. 马一进三　　炮5退4

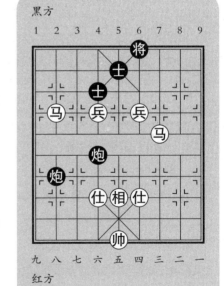

图1—18

7. 马三退四　　炮4退4

黑方双炮虽然全力防守，但是缺少士象的支持，无法抵抗。

8. 兵四进一　　炮5平3　　　9. 马七进五

黑方必失一炮，红胜定。

选自：京冀　赵殿宇　胜　黑龙江　刘俊达　2021年腾讯棋牌天天象棋全国象棋甲级联赛

 ## 第19局　车兵仕相全胜马士象全

红方先行（图1-19）

1. 帅五平四　　士5退6

2. 车一进一　　马1退3

3. 兵一进一　　士4进5

4. 兵一平二　　马3进5

5. 车一平三　　……

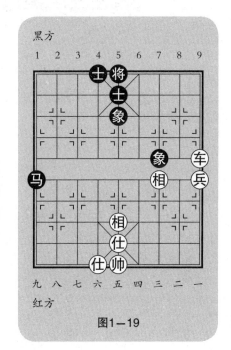

图1-19

红方取胜之路的第一阶段是送兵过河，第二阶段的目标是用兵换双士、双象或一士一象。在第二阶段，红车要注意限制马的位置，避免在用兵换双士时，黑方走成"马三象"的和棋。

5. ……　　　　将5平4

6. 车三平九　　将4平5

7. 车九进三　　士5退4

8. 车九退四　　士4进5

9. 车九平五　　马5进3　　　10. 相五进七　　马3退1

11. 车五平八　　……

在红兵深入敌阵之前，尽量限制黑马退回到本方阵地。

11. ……　　　　马1进3　　　12. 帅四平五　　士5退4

13. 仕五进六　　士6进5　　　14. 车八平五　　马3退1

15. 车五平八　　马1进3　　　16. 仕六进五　　象7退9

17. 车八退二　　马3退5　　18. 车八平五　　马5退6

19. 车五进四　　马6进8　　20. 车五平二　　马8退6

21. 车二平　　……

转换成单车例胜马双士残局。

21. ……　　　马6退4　　22. 帅五平四　　马4退6

23. 仕五退六

选自：四川 汪洋 vs 杭州 赵子雨 2021年腾讯棋牌天天象棋全国象棋甲级联赛

 第20局　马炮双兵仕相全对双马卒士象全

红方先行（图1-20）

1. 兵七进一　　马8退7

2. 帅四退一　　马7进8

3. 帅四进一　　马8退7

4. 帅四退一　　马7进8

5. 帅四进一　　将4平5

黑方4路士无法保留，如马2退3保士，则马六进八抽吃黑马。

6. 兵七平六　　马8退7

7. 帅四退一　　马7进8

8. 帅四进一　　马2退4

伏有马8退7，帅四退一，马2退4兑马的手段，黑方可以延缓红方的进攻速度。

9. 兵六平七　　将5退1

10. 马六进七　　将5进1

11. 炮六平九　　将5平4　　12. 炮九进三　　将4退1

13. 兵七平六　　马4退3　　14. 炮九退六　　……

退炮意在从肋线上发起进攻。

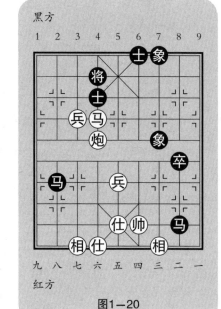

图1-20

14. ……　　　卒 8 平 7　　15. 炮九平六　马 3 进 4

16. 兵六进一　将 4 平 5　　17. 马七退六　马 4 退 5

18. 兵六进一

红胜。

选自：广东 郑惟桐　胜　黑龙江 刘俊达　2021年腾讯棋牌天天象棋全国象棋甲级联赛

年度短局

第1局　浙江 王家瑞　先胜　上海 孙勇征

全国象棋甲级联赛

中炮对反宫马

1. 炮二平五　马2进3
2. 马二进三　炮8平6
3. 车一平二　马8进7
4. 兵五进一　……

双方以中炮对反宫马阵形列阵，此时，红方冲中兵威胁黑方中宫，攻法鲜明。

4. ……　　　　卒7进1

5. 马八进七　……

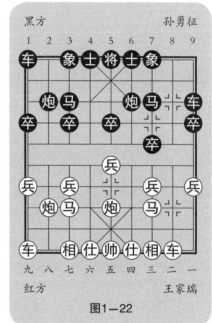

图1—22

配合中路形成盘头马攻势，如果兵五进一，炮6平5，兵五平六，车9进1，马八进七，车9平6，车二进四，车6进5，双方对攻。

5. ……　　　　车9进2（图1—22）

高车待机而动。常见的走法是直接走炮6平5，以下兵七进一，士4进5，马三进五，马7进6，兵三进一，马6进5，马七进五，卒5进1，兵三进一，炮2进3，马五进三，炮2平5，仕六进五，车1平2，炮八平六，车9进1，双方大体均势。

6. 车二进六　炮6平5

红方右车过河，黑方再平中炮，双方布局还原成常见阵形。

7. 车二平三　卒3进1　　8. 马七进五　马3进4

9. 兵七进一　卒3进1

冲卒给红方突破的机会，不如保持封闭状态，走马4进6，车三平四，马6退8，车四平三，炮2退1，以后炮2平7，寻找突破口，黑势不差。

10. 马五进七　炮5进3（图1—23）

一向沉稳的孙勇征特级大师,此时竟然炮打中兵,贪攻冒进,导致形势急转直下。黑方可走车1进1,兵五进一,卒5进1,以后设法换掉红方中炮,黑方可战。

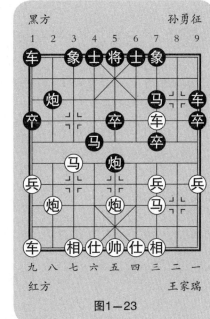

图1—23

11. 马三进五　炮2平5

12. 炮五进二　炮5进3

13. 炮八平五　炮5进2

14. 马五进六　炮5退3

15. 马七进八　……

这样交换以后,红方双车获得极好的占位,立即投入战场。

15. ……　　　　车1平2

16. 马八进六　将5进1

17. 前马退五　将5退1

不能吃马,否则马六进七吃车。

18. 马五退六　车2进6　　19.后马进四　车2平7

用时紧张的情况下,又走出大漏。

20. 马四进二

黑方认负。

第2局　深圳 洪智　胜　厦门 张学潮

全国象棋甲级联赛
屏风马对屏风马

1. 马八进七　卒7进1　　2. 兵七进一　马8进7

3. 马二进三　马2进3　　4. 相三进五　象3进5

5. 马七进六　……

双方形成屏风马对屏风马阵势,红方左马盘河率先打破平衡。

5. ……　　　车9进1　　6. 炮八平六　车1平2

7. 车一进一　……（图1-24）

起横车准备平车到七路,打通七路线。短短的几着棋,红方思路别致。常见的走法是车九平八,炮8进3,马六进七,炮2进5,兵三进一,炮8退2,马七进九,车9平1,兵三进一,象5进7,黑方满意。

　　7.……　　　　卒3进1

　　8.兵七进一　　象5进3

　　9.车一平七　　象7进5

　　10.马六进七　　炮2进5

　　上一着红方进马稍急,不如车九平八出车稳健。黑方此时,也错过反先夺势的机会,应车9平4先手捉炮。

　　11.车九平八　　炮8进3

　　进炮作用不大,不如车9平4捉炮紧凑。

　　12.车八进一　　……

　　高车意在打破黑方的封锁,如兵三进一,卒7进1,马七进五,象3退5,车七进六,炮8退3,相五进三,车9平2,虽然仍是红方优势,但是红方要如何展开局面却要花一番心思。

　　12.……　　　　车9平4

　　13.马七进五　　象3退5(图1-25)

　　退象是红方突破的机会。宜走车2进4坚守巡河线,以下仕四进五,马7进6,车七进一,炮2平4,车八进四,马3进2,车七平六,车4进6,马五进三,将5进1,仕五进六,马2进1,双方进入无车局的争夺,黑方足可抗衡。

　　14.车七进六　　车4进6

　　15.车七平五　　士4进5

　　16.车五平三　　将5平4

　　17.仕四进五　　车4退2

　　如车4退5,则车三退二,车2进2,车三平二,红方仍是大优。

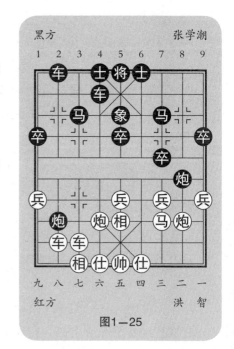

图1-24

图1-25

18. 兵三进一　炮8退4　　19. 炮二进二　车4退2

20. 兵三进一

双方物质力量差距太大，黑方认负。

第3局　成都 孟辰　负　杭州 申鹏
全国象棋甲级联赛
中炮横车七路马对屏风马

1. 炮二平五　马8进7
2. 马二进三　卒7进1

黑方抢挺7路卒，将布局导向己方所希望的棋路之中，是一种因人制宜的针对性下法。

3. 兵七进一　马2进3
4. 马八进七　象3进5
5. 车一进一　车9进1

黑方不出直车，而启动左横车，是一种别致的着法。

6. 炮八进二　……（图1-26）

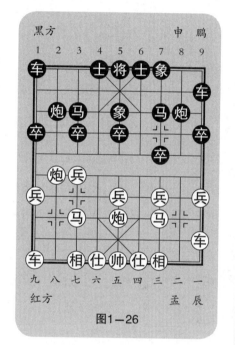

图1-26

起横车后通常会选择车一平四，以下车9平4，车四进五，车4进5，车四平三，马7退5，炮五平四，红方稍好。实战中，红方进炮巡河，准备兵三进一兑兵活马。

6. ……　　　卒3进1

削弱红方巡河炮的作用。

7. 兵七进一　象5进3　　8. 车一平六　象3退5

9. 兵五进一　车1进1　　10. 兵五进一　……

红方连续进兵，意在发挥中炮横车盘头马的威力。

10. ……　　　车9平4　　11. 车九进一　卒5进1

12. 马七进五　……

左马盘头而上，配合双横车，红方预先设计好的阵形。

12. ……　　　士4进5

13. 马五进七　……

进马是舍近求远的选择，简明的走法是炮五进三，马3进5，兵三进一，车1平3，车六进七，车3平4，相三进五，红方形势不差。

13. ……　　　马7进5

14. 马三进五　马5进3

15. 马七进五　后马进5

16. 前马进七　……

可以考虑后马进七，炮8进2，炮五进四，马3退5，马五进七，车4进7，车九平六，马5进3，相三进五，以后再仕四进五，红方阵形厚实，大体均势。

16. ……　　　炮2平3

17. 马五进六　马3进2

18. 车九平八　炮3进7　　　19. 仕六进五　……（图1—27）

坏棋，红方宜走帅五进一，炮8进6，马六进五，象7进5，马七进六，马5进4，马六退七，炮8平4，炮八平九，车1平4，马七进六，炮4退7，炮九平七，形成有车对无车局面，红方易走。

19. ……　　　炮8进6　　　20. 马七进六　车1平4

21. 车八进二　炮8平4　　　22. 马六进四　……

速败，被黑方偷杀。

22. ……　　　炮4进1

黑胜。

第4局　浙江 徐崇峰　负　深圳 洪智

全国象棋甲级联赛
中炮过河车对屏风马两头蛇

1. 炮二平五　马8进7　　　2. 马二进三　车9平8

3. 车一平二　　卒7进1

4. 车二进六　　马2进3

5. 兵五进一　　……

红方急冲中兵是攻击性很强的一种变着。

5. ……　　　卒3进1

黑方进3卒是最佳应着。

6. 炮八平七　　……（图1—28）

红方常见的选择是兵五进一，以下士4进5，车二平三，炮8进2，兵五进一，马7进5，马三进五，马5进4，车三平六，炮8进2，马八进七，马4进3，马五退七，象3进5，炮八平九，红方先手。实战，红方平七路炮的进攻效果并不理想。

6. ……　　　象3进5

7. 马八进九　　炮8退1

退炮灵活，以后炮8平5策应中路。

8. 车九进一　　炮8平5

9. 车二平三　　车8进2

10. 车九平六　　……

红方出肋车是很有针对性的选择。如车九平八，则车1平2，车八进五，炮2平1，车八平七，车2进2，兵九进一，炮5平7，车三平四，炮7平3，车七平九，士6进5，黑方阵形厚实，双方大体均势。

10. ……　　　马3进2

11. 车三平四　　车8进4

12. 车四进二　　……

可以考虑车六进六，车1平2，兵五进一，红方手段更丰富。

12. ……　　　马2进1　　13. 炮七平八　　车8平7

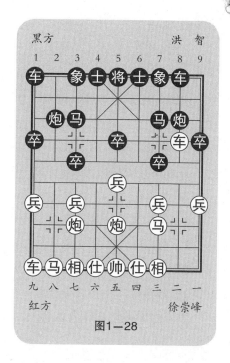

黑方　　　　　　　　洪　智

图1—28

红方　　　　　　　　徐崇峰

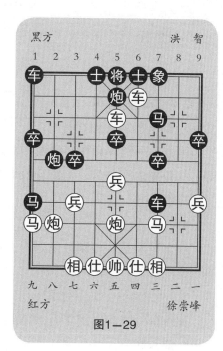

黑方　　　　　　　　洪　智

图1—29

红方　　　　　　　　徐崇峰

14. 车六进六　炮2进2　　15. 车六平五　……（图1—29）

车象以后红方双车位置被动，不如炮五进一进行交换，以下车7进1，炮五平九，车1平3，相七进五，车7进1，仕六进五，卒1进1，炮八退一，车7退1，兵七进一，红方边炮可以调整，双方对峙。

15. ……　　　　炮2退3　　16. 车五平三　炮2平6

17. 炮五进四　炮5进4

黑方反打中兵后，双方各占一个空头炮，但是黑方子力位置更佳，黑方优势。

18. 炮八进五　车7平5　　19. 仕六进五　车5平6

20. 相三进五　车6退3　　21. 炮五退一　车1平2

22. 马三进二　将5进1

黑方上将化解红方攻势，黑方大优。

23. 马二进三　车2进2　　24. 车三平八　车6平7

黑方得子占势，红方认负。

第5局　浙江 王家瑞　负　四川 孟辰

全国象棋甲级联赛
中炮对小列手炮

1. 炮二平五　马8进7

2. 马二进三　车9平8

3. 车一平二　炮2平5

黑方补列炮，意在弈成激烈对攻的局势，从布局角度分析，是避开中炮对屏风马的策略运用。

4. 车二进六　……

红车过河是一种刚性的选择，作用是有效地压制黑方左翼的子力。

4. ……　　　　马2进3

先跳右马，出动右翼子力，机动性较强。

5. 马八进七　车1平2

6. 车九平八　……（图1—30）

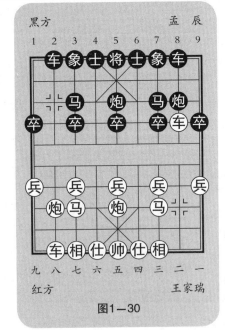

图1—30

出左车逼黑车表态。如车二平三,则马3退5,车九平八,炮8退1,炮八进四,炮8平7,车三平四,卒3进1,车四进一,车8进4,黑方满意。

6.……　　　车2进6　　　7.炮八平九　　车2平3

8.车八进二　　炮8平9　　　9.车二平三　　车8进2

10.炮九退一　　……

双方形成一个对称性的布局,红方退炮打破这种对称局面。

10.……　　　车3平4

黑方如同样走炮9退1,则炮九平七,车3平4,马七进八,车4退4,车三平四,黑方如续走马7进8,则车四进二,红方优势。

11.马七进八　　车4进2　　　12.马八进九　　车4平1

吃马是强硬的走法。黑方此时炮5退1更含蓄有力。以下马九进七,炮5平7,车三平四,马7进8,车四平五,象7进5,黑方可以选择的机会更多,黑方满意。

13.马九进七　　车1平7　　　14.车八进七　　……

沉底车积极有力,以后伏有炮五平八三子归边的手段,行棋至此,红方优势。

14.……　　　车7退1　　　15.车八平七　　炮5进4

16.炮五进四　　……（图1-31）

优势局面下红方进攻心切,反胜为败。

此时红方宜仕六进五补一着,黑方士6进5,马七进六弃马强抢,以下黑方如续走士5退4,则帅五平六,将5进1,车七平六,炮9退1,车六平三,炮9平8,后车退一,以后红方后车平六,攻势强大。

16.……　　　车7平4

黑车顺势守肋,逃过一劫。

17.炮五退二　　车8进3

进车好棋,准备用炮换马,解除威胁。

18.兵三进一　　炮9平3

19.车七退二　　车8进3

20.车三平五　　马7退5

退窝心马化解开红方全部攻势。

21.炮五进四　　车4平5

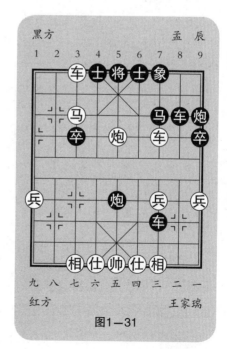

图1-31

黑胜。

第6局 京冀 陆伟韬 胜 深圳 黄海林
全国象棋甲级联赛
顺炮直车对缓开车

1. 炮二平五　　炮8平5

2. 马二进三　　马8进7

3. 车一平二　　卒7进1

4. 马八进九　　……

红方起边马力求两翼均衡开展，在顺炮布局体系中也很流行。

4.　……　　　炮2平4

平士角炮，为马2进3创造机会。

5. 炮八平七　　……

平炮对黑方右马施加压力，是跳边马后常用的着数。

5.　……　　　马2进1（图1-32）

在红方七路炮的威压下，黑方选择跳边马。就布局结构来看，马2进1的走法与炮2平4稍有脱节，可以走马2进3，车九进一，卒3进1，车九平六，士4进5，车二进六，车1平2，车二平三，象7进9，炮七进三，车9平8，双方大体均势。

6. 车九平八　　卒1进1　　7. 车二进四　　车9平8

兑车稳健，保持对红方双马的控制。

8. 车二进五　　马7退8　　9. 炮五进四　　士6进5

10. 车八进四　　马8进7

黑方先走车1平2更紧凑一些，以下车八进五，马1退2，兵七进一，马8进7，炮五退一，炮5进1，仕六进五，象7进5，黑方阵形厚实，不落下风。

11. 炮七平五　　炮4进5　　12. 马三退一　　车1平2

13. 车八平四　　车2进4

黑方

黄海林

图1-32

红方

陆伟韬

黑方严谨的行棋次序是马7进5，炮五进四，再车2进4，兵五进一，炮4退1，以后通过马1退2再马2进3调形，黑方中路危机可以顺利解除。

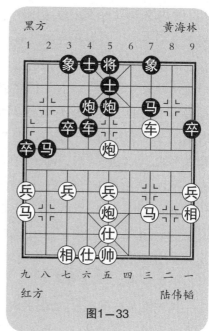

图1—33

14. 前炮退一　炮4退1

15. 兵三进一　卒7进1

16. 车四平三　炮4退4

17. 马一进三　车2平4

18. 车三进二　车4进1

为马1进2留出位置。

19. 相三进一　马1进2

20. 仕四进五　车4退2（图1—33）

兑车忽略底线的弱点，宜走象3进1，前炮平九，卒3进1，车三退二，炮5进5，相七进五，车4平7，相一进三，马2进1，黑方局势尚可。

21. 前炮平七　炮4平3　　22. 车三平六　炮3进2

23. 炮五进五

黑方失子失势，投子认负。

第7局　浙江 孙昕昊　负　杭州 王天一

全国象棋甲级联赛
仙人指路对卒底炮

1. 兵七进一　炮2平3　　2. 炮二平五　象3进5

在黑方形成卒底炮后，红方再架中炮自是符合棋理，因黑方中路已相应薄弱了。现黑方放弃中卒而起右象争取出子速度。

3. 马八进九　……

红方跳边马是一种稳健的选择，马二进三则是仙人指路对卒底炮转右中炮对飞右象变例中的主流变化。

3. ……　　马8进7　　4. 马二进三　卒7进1（图1—34）

黑挺卒制马好棋！着法比红方灵活，利于全局发展，有着积极的战略意义。就双方的双马来对比：红双马已定位，黑双马机动性较大，但红方有先行之利，也可凭借一子力的运行来适当地加以调整。如改走车9平8，则车一平二，炮8进4，车九平八，卒7进1，车二进一，士4进5，车二平六，卒1进1，车六进三，马2进1，炮八进五，炮8退2，车八进六，车1平2，马九退七，炮3退1，炮五平八，马7进6。车六平四，红方先手。

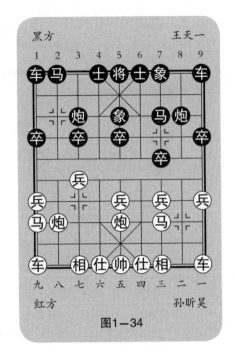

图1—34

5. 车一平二　　车9平8

黑先出左直车正着。如误走炮8平9，则车九平八，车9进1，炮八进二，以下黑有卒1进1、车9平4、车9平6三种应法，变化结果均为红方占先易走。

6. 车九平八　　士4进5　　7. 车二进四　　炮8平9

兑车势在必行，如改走马2进1，则炮八进四，车1平4，炮八平五，炮8平9，车二进五，马7退8，兵五进一，炮3进3，兵五进一，红方先手。

8. 车二进五　　马7退8　　9. 炮五进四　　马2进4

10. 炮五平二　　……

常见的选择是炮五退一或炮八平五，加强对中路的控制。

10. ……　　　　马4进5

先进中马避免受到红中兵的骚扰。如马8进7，则兵五进一，马7进6，兵五进一，马6进7，相七进五，卒1进1，炮二平三，红方先手。

11. 兵五进一　　马5进6

先手捉马，红方无暇过兵，这是黑方马4进5的好处。

12. 马三进五　　卒3进1　　13. 兵七进一　　象5进3

14. 仕六进五　　炮9平5

架中炮逼退红方中马，黑方反先。

15. 马五退四　　车1平4　　16. 炮八进二　　……（图1—35）

进炮打马坏棋，是导致红方失利的根源。应走炮二进二，车4进5，马四进二，车4平5，炮八平五，炮3退2，车八进九，炮3平4，炮五进五交换掉黑方中炮，红方局势松透了很多，以下车5退3，车八退五，马6进4，车八退一，马4进6，马二退四，红方足可抗衡。

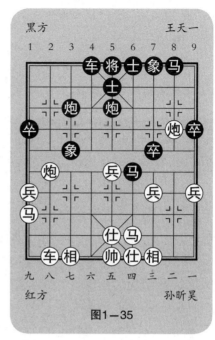

图1—35

16.……　　　　车4进5

17.马四进二　　将5平4

18.相七进五　　马6进5

19.相三进五　　炮5进5

黑方一马换双象，迅速确立胜势。

20.仕五退六　　车4平5

21.炮八平九　　炮3平5

平炮以后，黑方有连续得子的手段，红方认负。

第8局　黑龙江 何伟宁　负　成都 汪洋
全国象棋甲级联赛
对兵局

1.兵七进一　　卒7进1　　2.马八进七　　马8进7

3.相三进五　　象7进5　　4.车九进一　　马2进1

5.马二进四　　……（图1—36）

红方上拐角马，以便迅速开出右车，这也是何伟宁大师喜爱的走法。较为常见的走法是车九平三，炮8退2，兵三进一，卒7进1，车三进三，炮8平7，车三平二，车1进1，车一进一，车1平4，局面平稳。

5.……　　　　车1进1　　6.车一平三　　车1平6

7.兵三进一　　卒7进1　　8.车三进四　　士6进5

补士稳健，如炮8退2，车三平二，炮8平7，炮二退二，炮2平3，马七进六，车9进1，马四进二，红方先手。

9. 马七进六　炮8退1

10. 马六进七　炮8平7

11. 车三平二　炮2平3

平炮用弱马换取红方的活马。此外，黑方也可以考虑炮2进4，马七退八，炮2平9，炮二平四，车6进5，马四进二，车6平5，打通红方兵林线，黑方满意。

12. 马七进九……

红方如果避兑选择马七退八，马7进6，车二平三，车9平8，兵七进一，象5进3，炮八平七，象3退5，马八进六，炮3进2，黑方子力占位好，略占优势。

12. ……　　　象3进1

13. 炮八进六　炮3退1

14. 车二进三　车6进1

保马正确。如马7进6，则马四进六，车9平7，车九平三，炮7进6，兵七进一，红方扩先的选择更多，黑方不易控制局面。

15. 炮八退一　象5退3

16. 炮八平三　车9平6

17. 车九平八　炮3进1

18. 仕四进五　车6进6

19. 车二进一　……（图1-37）

进车本意是抓一步先手，但是忽略黑方弃子抢攻的手段。红方此时最好的选择是炮三退七，炮3平5，车二退四，前车退2，车二平四，车6进6，车八进五，红方足可抗衡。

19. ……　　　前车平7

伏有车7进1的攻击手段，红方面临失子失势的险境，投子认负。

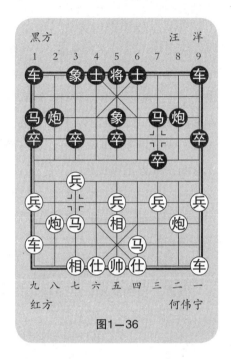

黑方　　　　　　　　汪洋

图1-36

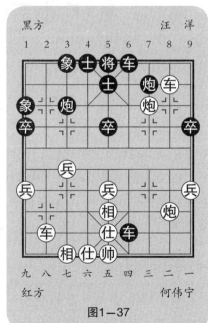

黑方　　　　　　　　汪洋

图1-37

第9局　深圳 刘明　负　上海 谢靖

全国象棋甲级联赛

仙人指路对起马局

1. 兵七进一　　马8进7

黑方进左正（里）马应付红方进兵局，锋芒内敛，可刚可柔，是一种常见的阵势。

2. 兵三进一　　……

再挺三兵形成具有活力的两头蛇之势。

2. ……　　　炮2平3

双方弈成流行布局，黑方平炮打兵意在不让红方顺利出马，同时也使己方能够尽快出车。

3. 相七进五　　……

飞左象是较为罕见的着法。一直以来，由于它被认为灵活性较飞右象稍差，因此在正式比赛中使用较少。

3. ……　　　马2进1

黑方进边马，是当前局面下的必然走法。

4. 马二进三　　车1平2

5. 马三进四　　车2进4（图1-38）

进车巡河，威胁红方河口马，先红马迅速定位。如改走车9进1，则炮二平三，车9平6，马四进三，炮8进4，马八进六，炮8平7，车一平二，车6平4，车九进一，红方稍好。

6. 马四进三　　象7进5

7. 马八进六　　士6进5

8. 车九平八　　车9平6

9. 仕六进五　　……

补仕棋形厚重，但是六路马失去灵活空间，不如炮八平六，车2进5，马六退

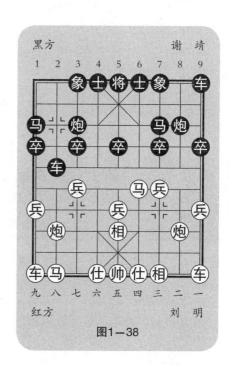

图1-38

八以后马八进七，红方的子力位置要更机动灵活。

  9. ……   卒 1 进 1

  10. 炮八平九 车 2 平 4

  11. 车八进一 ……

保马过于生硬，不如马六进八，以后马八退七更灵活。

  11. ……   马 1 进 2

  12. 炮二平三 ……

平炮自乱阵脚，不如车八进三顶一下。

  12. ……   炮 8 进 6

  13. 炮三退一 ……（图1—39）

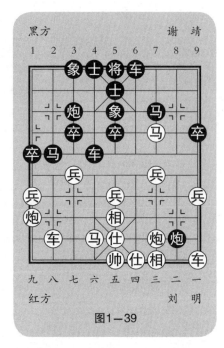

图1—39

败着，宜走车一平二，黑方如炮 8 平 4，则炮九平六，马 2 进 3，车八进二，车 4 进 2，炮三进一，车 6 进 6，马三退四，车 4 退 3，炮三进四，炮 3 平 7，车八平七，车 6 退 1，车七退二，红方可以得回失子，双方仍是对峙的局面。

  13. …… 车 6 进 8 14. 炮三进二 马 2 进 4

  15. 车一进二 ……

很明显，红方子力被黑方进攻牵着走，处处设防却处处难防。

  15. …… 马 4 进 6 16. 车一平二 炮 8 平 5

  17. 车八进二 车 4 进 4 18. 马三进一 马 6 进 7

红方认负。

第10局 成都 孟辰 胜 上海 孙勇征

全国象棋甲级联赛
五八炮进三兵对屏风马

  1. 炮二平五 马 8 进 7 2. 马二进三 车 9 平 8

  3. 兵三进一 ……

选择自己熟悉的领域行棋，避免先车一平二，卒7进1，形成流行的布局体系。

  3. ……   卒 3 进 1

2021 全国象棋个人赛精彩对局解析

对应地挺起 3 卒，是常见的下法。另一种应法是走炮 8 平 9 亮车，以下马八进七，炮 2 平 5，车九平八，马 2 进 3，形成中炮进三兵对三步虎半途列炮的布局定式。

　　4. 马八进九　　马 2 进 3

　　5. 车一平二　　象 3 进 5

　　6. 炮八进四　　……

左炮过河后形成五八炮进三兵对屏风马进 3 卒的阵形。

　　6. ……　　　　卒 7 进 1

　　7. 兵三进一　　象 5 进 7

　　8. 马三进四　　……（图1—40）

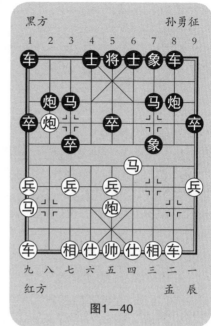

图1—40

右马盘河积极主动，实战中还有车九进一的走法，以下士 4 进 5，车九平六，卒 1 进 1，车二进四，炮 8 平 9，车二进五，马 7 退 8，马三进二，车 1 平 4，车六进八，将 5 平 4，马二进四，红方稍好。

　　8. ……　　　　士 4 进 5

　　9. 炮八平一　　炮 2 进 4

　　10. 炮五平三　　……

似先实后，不如兵七进一，卒 3 进 1，炮五平三，炮 2 退 1，炮三进五，炮 2 平 6，车二进六，炮 6 平 4，相七进五，红方稍好。

　　10. ……　　　　炮 8 进 5

　　11. 兵七进一　　……

如炮三进五吃马，则炮 8 平 5，相七进五，车 8 进 9，红方一车换双后，黑方满意。

　　11. ……　　　　象 7 退 5

　　12. 炮一平三　　炮 8 平 1（图1—41）

急于简化局面，走出败着。黑方宜走马 7 进 9，避开红方双炮的攻击，以下车九平八，炮 2 平 9，车二平一，炮 9 平 1，

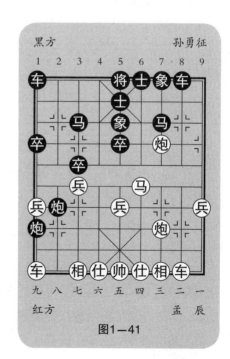

图1—41

车一进六，车 8 进 5，车八进三，车 8 平 6，车八平九，炮 8 进 2，仕六进五，车 6 平 7，后炮平六，车 7 进 4，黑方少子有攻势，红方有顾忌。

13. 车九进二　卒 3 进 1　　　14. 车二进七　炮 2 平 9

15. 马四进二

黑方失子失势，投子认负。

第 11 局　上海 谢靖 胜 深圳 洪智

全国象棋甲级联赛

中炮直横车对屏风马两头蛇

1. 炮二平五　马 8 进 7　　　2. 马二进三　车 9 平 8

3. 车一平二　卒 7 进 1

黑方在起右马之前先进 7 卒，除避免了红方进三兵攻法，实际上也避免了红边马双直车攻法。因红若接走马八进九，黑方可不走马 2 进 3 而走炮 8 进 4 封车，再炮 2 平 5 针对红薄弱的中路施行反击。

4. 车二进六　马 2 进 3　　　5. 马八进七　卒 3 进 1

红方起正马，以便尽快出动左车。黑挺 3 卒活右马，是经过多年实践检验的官着。黑不可走炮 8 平 9，因为对"平炮兑车"，现红阵特点是少走一步七兵，多跳一步正马，大子出动速度加快，演变下去黑要吃亏。

6. 车九进一　……

至此形成"中炮直横车正马对屏风马两头蛇"的典型阵势。红方快速推进，黑方则以稳固的阵形防守反击。

6. ……　　　象 3 进 5

7. 车九平六　……（图1—42）

平车占肋，自然之着。如改走兵五进一，炮 2 进 1，车二退二，士 4 进 5，车九平六，车 1 平 4，车六进八，士 5 退 4，马七进五，炮 8 平 9，车二进五，马 7 退 8，

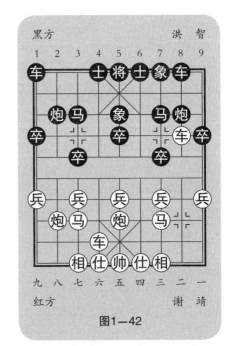

图1—42

双车兑尽后局势平稳，对于拿先手的红方来说难以满意。

7. ……　　　　士4进5　　8. 兵五进一　……

红方由于双马不活，遂从中路发起攻势。

8. ……　　　　炮2进4

黑方进炮兵线为改进之着。如改走炮8平9，车二平三，车8进2，马七进五，车1平4，车六进八，马3退4，炮八进四，红方主动。

9. 兵三进一　　卒7进1　　10. 兵五进一　卒5进1

11. 马七进五　卒7平6

平卒正着。如卒7进1，则马五进三，车1平4，车六进八，将5平4，后马退五，马7进6，车二退一，马6退7，车二进一，卒5进1，车二平六，将4平5，马三进四，红优。

12. 炮五进三　炮8平9　　13. 马五进四　卒6平5（图1-43）

稍缓，不如车8进3交换简明，以下马四进二，炮9平8，马三进四，车1平4，红方如避兑走车六平三，则车4进3，双方进行子交换，黑方局势尚可。

14. 马三进二　车1平4　　15. 车六进八　马3退4

16. 车二平三　……

逼黑马入边后，红方在右翼施展一套组合拳，瞬间打乱黑方防线。

16. ……　　　　马7退9

17. 炮八平二　炮9平8

18. 马二进一　炮8平6

19. 马一退二　炮6平8

20. 炮二平一　车8进1

黑方左翼的车马炮三子被红方牢牢拴住，红方大优。

21. 车三平八　炮2平9

22. 马二进三　炮8平7

23. 马三进五　象7进5

24. 马四进五　马4进3

25. 车八平六

黑方认负。

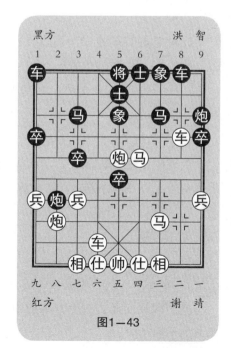

图1-43

第12局 河北 张婷婷 胜 上海 时凤兰

全国象棋女子甲级联赛

仙人指路对卒底炮

1. 兵七进一　炮2平3

2. 马二进三　卒 3 进 1

3. 相七进五　卒 3 进 1

4. 兵三进一　……

红方放黑卒过河,换取大子快速出动。

4. ……　　马 2 进 1

5. 马三进四　炮 8 平 4 （图1-44）

左炮过宫是一步冷着。常见选择是马8进7,相五进七,车1平2,相七退五,车9进1,马四进三,炮3进1,炮二平四,车2进4,马三退四,车9平4,黑方稍好。

6. 马四进五　炮 3 退 1

7. 车一进一　……

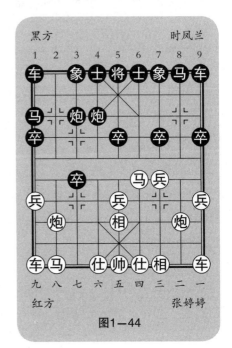

图1—44

针对黑方双车晚出的弱点,红方起横车,准备车一平六支援左翼。

7. ……　　象 7 进 5　　8. 车一平六　马 8 进 6

9. 马五退四　车 1 平 2　　10. 炮二平四　士 6 进 5

11. 车六进五　……

实战中,红方也没有急于与黑方短兵相接,车进卒林线先抢占要点。如改走炮八平七,则马6进8,炮七进六,马1退3,相五进七,车9平7,马八进七,卒7进1,兵三进一,车7进4,相七退五,车7进2,仕六进五,马8进7,双方大体均势。

11. ……　　车 2 进 4　　12. 马八进九　车 9 平 8

13. 车九平八　卒 1 进 1　　14. 仕六进五　……

就当前局面而言,黑方阵形中的弱点已经弥补。红方补仕以静制动,观察黑方的子力动向。

14. ……　　　卒 3 进 1

冲卒给红方舒展阵形的机会，黑方可以考虑车 8 进 6 弃掉 3 路卒，以下相五进七，车 8 平 5，马四进三，车 5 平 1，炮四平五，马 6 进 7，车六平三，车 1 平 6，黑方略优。

15. 炮八进二　车 8 进 6（图1-45）

进车作用不大，反而让红方提升进攻速度。不如炮 3 平 4 简化局面，以下马九进七，后炮进 2，马七进八，马 1 进 2，炮四进六，车 8 进 4，双方大体均势。

16. 马九进七　车 2 平 3
17. 马七进五　车 3 平 5
18. 炮四进六　炮 3 平 6
19. 马四进三　车 8 退 3

如改走车 5 平 6，则马三进四，车 6 退 3，炮八进四，车 6 进 1，车八进七，黑马被捉死。

20. 炮八进三　……

红方连消带打，黑方难以应付。

20. ……　　　炮 6 进 1　　21. 马三退五

红胜。

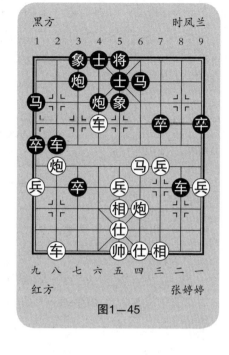

图1-45

第13局　广东 陈丽淳　胜　北京 刘欢

全国象棋女子甲级联赛
五七炮进三兵对屏风马

1. 炮二平五　马 8 进 7　　2. 兵三进一　车 9 平 8
3. 马二进三　卒 3 进 1　　4. 车一平二　马 2 进 3
5. 炮八平七　……

红方不动左马，直接平七路炮威胁黑右屏风马，属典型的直攻型走法。至此，弈成了五七炮对屏风马阵势。

5.……　　　　车1进1（图1-46）

现代象棋理论认为，黑方此时应走士4进5，既加强了中路，又使红方没有冲七路兵的先手。以下马八进九，马3进2，车九进一，象3进5，车九平六，炮8进4，马三进四，双方对峙。实战中，刘欢大师的选择出横车，快速占据肋线，同样是符合棋理的下法。

6.车九进一　　车1平4

7.车九平八　　炮2平1

平边炮避开红车锋芒，如炮2进7，车八退一，车4进4，车八进八，炮8进4，车八平三，车8进2，车三平四，车4平7，马三进四，红方先手。

8.炮七进三　　马3退5

9.马三进四　　车4进2（图1-47）

同样守护中路，可以考虑象7进5棋形更厚实，以下炮七进一，炮8进5，车八进六，车4进4，马四进三，炮1进4，车八退四，炮1退2，以后炮1平5兑炮，黑方防守更为牢固。

10.车二进三　　炮1平5

11.马四进三　　车4进3

12.车八平四　　……

抓住黑方窝心马的弱点，调动子力，积极扩先。

12.……　　　　车4平3

13.炮七平三　　车3平5

14.车二进三　　炮5平3

15.车四进七　　炮3退1

16.车二进一　　……

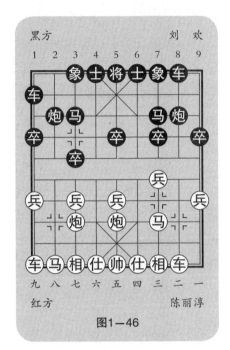

图1-46

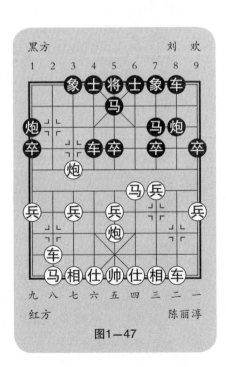

图1-47

红方已经是水到渠成之势，以车砍炮，先弃后取，精准打击。

16. ……　　　炮3平6　　17. 车二进二　炮6平7

18. 炮三进二　炮7进2

如马5进7，则车二退六，车5退1，兵三进一，红方大优。

19. 车二退三　马5进7　　20. 车二平三　马7退5

21. 马八进七　车5退1　　22. 炮五退一　马5进3

23. 相三进五　车5平6　　24. 炮五进五

红方多子占势，胜定。

第14局　吉林 刘龙　负　湖北 洪智

全国象棋团体赛
对兵局

1. 兵七进一　卒7进1　　2. 马八进七　马8进7

3. 炮二平五　马2进3　　4. 马二进三　车9平8

5. 炮八进二　……

红方升巡河炮的目的是准备伺机兑三兵，使左炮右移并活通右马，进而使双车、炮、马六大子俱活。它的特点是两翼子力平均发展，攻守两利，属于比较稳健的攻法。

5. ……　　　炮2进2

黑方右炮巡河，下伏马7进8打车，逼红车过河是力争主动的走法。

6. 车一进一　……

高右横车，准备使右翼子力迅速投入战斗

6. ……　　　象3进5

7. 马七进六　炮2平4

8. 炮五平七　……（图1—48）

平炮威胁黑方3路线的同时，准备飞中相调整棋形。常见的思路是，车九平八，

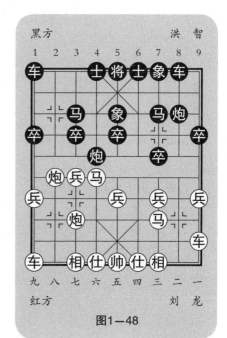

图1—48

车8进1，炮五平七，车8平4，相七进五，马7进8，炮八平九，车1平2，大体均势。

8. ……　　　车8进1　　9. 相七进五　车8平4

如车8平2黑方还要车1进1起双横车，双车位置重复。

10. 车九进一　马7进8

11. 车一平四　士4进5

12. 车九平八　车1平2

13. 炮七进一　……

切断黑方马8进7的线路，遏制黑方子力的展开。

13. ……　　　炮8平9

14. 兵三进一　……

冲兵急于打开局面，被黑方利用，红方可以考虑车四进三先守住巡河线为宜。

14. ……　　　卒7进1

15. 相五进三　炮9平7

16. 相三退五　……（图1—49）

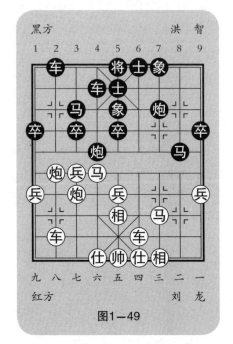

图1—49

红方不能马三退一守相，黑方可卒3进1，兵七进一，炮4平5，马六退五，车4进4捉双，黑优。

16. ……　　　炮7进7　　17. 仕四进五　炮4平5

18. 兵五进一　炮5平7　　19. 仕五进六　……

速败，改走马三进四要顽强一些。

19. ……　　　前炮退1

巧着，黑方借机打开局面。

20. 炮七退二　车4进4　　21. 炮七平三　炮7进4

22. 车四平三　车4进2　　23. 相五退三　车2进4

红方认负。

第15局 厦门 张申宏 负 湖北 赵金成

全国象棋团体赛
中炮巡河炮对屏风马

1. 炮二平五　　马8进7　　　2. 马二进三　　车9平8

3. 兵七进一　　……

进七兵自成一个体系，活通左马保留右车的机动性，将来一路车有可能直出、横出或缓出。

3. ……　　　卒7进1　　　4. 马八进七　　马2进3

5. 炮八进二　　……

巡河炮阵法的行棋次序是右车不动而先升炮巡河。这一方面是因为红方如先出直车，黑方会还以炮2进4，使红走不出巡河炮；另一方面，右车暂时不出也可保持其待机而动的灵活性，使棋局在缓攻主旨下，所能选择的出击点更多。

5. ……　　　炮2进2

黑方右炮巡河伏马7进8封车，是一步有针对性的着法。

6. 车一进一　　……（图1—50）

红方起横车无可非议。实战中红方还有炮五平六的走法，黑方接走马7进6，车一平二，炮8进4，兵三进一，车1进1，相三进五，车8进1，车九进一，红方子力协调发展，明显占优。

6. ……　　　象3进5

7. 车一平四　　……

红方如改走马七进六，则炮2平4，车九平八，车1平2，炮五平七，马7进8，相七进五，车8进1，车一平八，车8平4，双方对峙，黑方足可满意。

7. ……　　　马7进8

也可改走炮8进5兑炮，车四进六，车8进2，兵三进一，士4进5，车四进一，

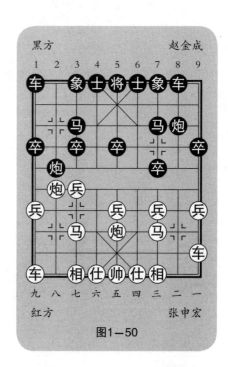

图1—50

第一部分　2021年度篇

炮2退3，车四退七，炮8平5，相七进五，车8进2，车九进一，卒3进1，兵七进一，卒7进1，兵七进一，车8平3，兵七进一，车3进3，各有千秋。

8. 马七进六　马8进7　　9. 车四进二　炮8平7

10. 马六进七　……

进马不如炮五平六，以后再相七进五协调阵形，根据黑方行动再做打算。

10. ……　　士4进5　　11. 车九进一　车1平4

12. 车九平七　车4进4

高车巡河，红方七路线进攻的计划无法实现。

13. 兵五进一　马7退6　　14. 马三退一　……（图1-51）

退马示弱，可以考虑兵七进一，车4平3，车七进四，象5进3，兵五进一，炮7进1，兵五平四，炮7平3，仕六进五，双方对峙，各有千秋。

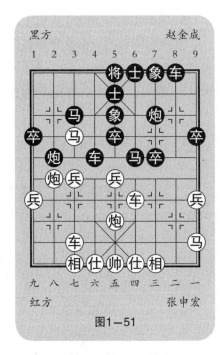

图1-51

14. ……　　炮7进1

15. 马七进九　炮2退2

退马挤马，机警。

16. 车四平七　车4平2

17. 炮八进三　车2退2

18. 兵七进一　车2平1

黑方先得一子，再全力转入防御。

19. 兵七进一　马3退4

20. 炮五进四　马6进4

21. 炮五平一　车8进5

22. 前车平五　炮7平5

打死红车，红方认负。

第16局　大连 张瀚月　负　广东 陈幸琳

全国象棋团体赛

中炮左边马对反宫马

1. 炮二平五　马2进3　　2. 马二进三　炮8平6

3. 兵九进一　……

面对黑反宫马的布局，红方挺边兵，以后配合马八进九跳左边马，冷着频出。

3. ……　　　　马8进7

4. 马八进九　　车9平8

5. 车一进一　　车8进6

黑方以不变应万变，左车过河，随时准备对红方三路线施加压力。

6. 兵三进一　……（图1—52）

红方不肯放弃三兵，虽然保留物质力量，但在行棋节奏了上又慢了一着。此时可以考虑借用五七炮对反宫马的棋形，走炮五平七，以下车1平2，车九平八，象3进5，兵三进一，炮2进4，车一平四，双方大体均势。

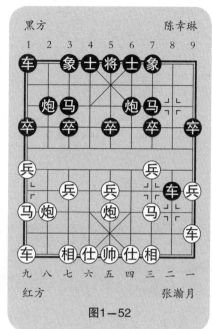

图1—52

6. ……　　　　卒1进1

7. 兵九进一　　车1进4

8. 车一平四　　卒7进1

兑卒逼红方肋车确定位置，紧凑。

9. 车四进五　　卒7进1

10. 车四平三　　炮6退1

11. 车三退二　　炮6平7

此时红方左翼的车马炮三子位置欠佳，三路车是红方最灵活的子力。黑方平炮攻击红方三路线，打在紧要之处，红方防守左支右绌。

12. 车三平四　　车8平7

13. 兵七进一　……（图1—53）

进七兵导致局面崩溃，应车九进一，马7进8，车四退二，象3进5，车九平六，士6进5，车六进五，红方尚可周旋。

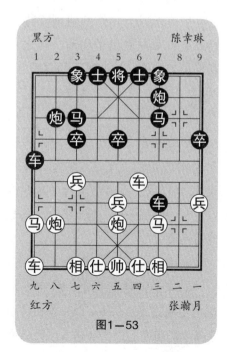

图1—53

13. …… 马7进8　　14. 车四平二　炮7进6

15. 车二进一　车1平8　　16. 炮八平三　车7进1

交换以后，红方净少一车，败势。

17. 车九平八　炮2进2　　18. 车八进一　炮2平7

19. 车八平七　炮7进5　　20. 仕四进五　炮7平9

21. 帅五平四　车8进5　　22. 帅四进一　车8退1

23. 帅四退一　车7进2

绝杀，红胜。

第17局　江苏 张国凤　胜　福建 欧阳译然
全国象棋团体赛
五六炮过河车对屏风马

1. 炮二平五　马8进7　　2. 马二进三　车9平8

3. 车一平二　马2进3　　4. 兵七进一　卒7进1

5. 车二进六　炮8平9　　6. 车二平三　炮9退1

7. 炮八平六　……

平炮形成五六炮的典型阵势，其布局特点是红方左右出子均衡，马炮之间可互相保护，深得稳健型棋手的喜爱。

7. …… 车1平2

8. 马八进七　炮2平1（图1-54）

平炮亮车，注重整体作战效果，如急于反击改走炮9平7，则车三平四，马7进8，车九平八，卒7进1，车四进二，炮7进5，相三进一，炮7平8，马七进六，红方主动。

9. 车九进一　车2进4

右车巡河稳健有余，激情不足。更积极的走法是车2进6，以下车九平四，车8进6，车四进七，士4进5，兵三进一，车

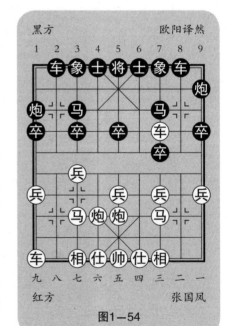

图1-54

8平7，车三退一，车2平3，相七进九，炮9进1，仕四进五，炮9平8，车四平二，炮8进4，黑方稍好。

10.　车九平四　　卒3进1

11.　马七进六　　士4进5

12.　车四进七　　车8进2

13.　马六进四　……（图1-55）

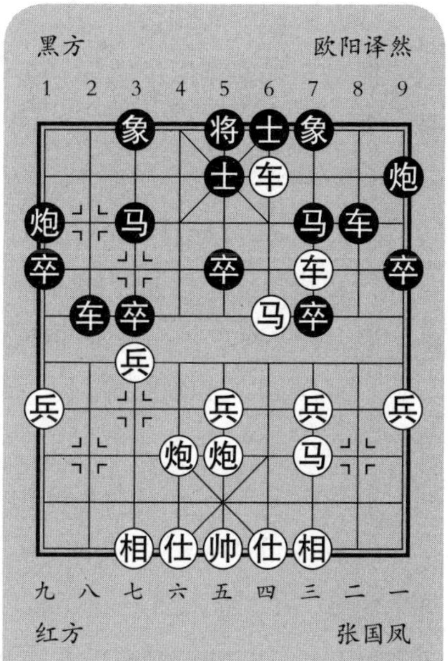

黑方上一着进车保马，希望红方车四平一，以下车8进3，兵七进一，车2进4，马六进五，马7退9，马五进七，车8平4，仕四进五，象7进5，逼迫红方一车双换，黑方足可抗衡。实战中，红方马六进四，反客为主，让黑方措手不及，由此落入下风。

图1-55

黑方　　　　　　欧阳译然

红方　　　　　　张国凤

13.　……　　　　炮1退1

14.　炮六进六　　炮9进1

15.　车四平三　　炮1进1

面对红方进攻，黑方可以选择防守办法不多，亦步亦趋地防守只能让局势更加被动。

16.　前车平二　　马3进4

如改走车8退1，则炮六平二，卒3进1，马四进三，象3进5，炮二进一，红方亦是大优。

17.　车二退一　　炮1平8　　　18.　兵三进一　　车2退2

19.　兵七进一　　马4进3　　　20.　兵三进一　　马3进5

21.　相三进五　　车2平4　　　22.　炮六平八

黑方投子认负。

第18局　湖北 洪智　胜　广东 吕钦

"中国银行·仙人指路杯"全国象棋大师邀请赛

仙人指路对进马局

1.　兵七进一　　马8进7　　　2.　兵三进一　　炮2平3

红方采用两头蛇兵阵，挺右兵制马占先，但挺左兵受到黑卒底炮反击，双方各有利弊。

3.马二进三　　　卒3进1

红方上右马放任黑卒过河，然后抢出大子趁机争先，这是"兵方"常用的战术。黑方冲卒对攻将计就计，同时也是"炮方"当仁不让的必然应对。

4.马八进九　　　卒3进1

5.炮二进二　　　……（图1—56）

红方亦可改走马三进四，车9进1，炮二平五，象3进5，车一平二，炮8平9，马四进六，车9平4，马六进七，马2进3，车二进七，车4进6，炮八进五，马7退5，车二进一，车4平2，炮八平五，象7进5，车二退一，象5退7，车九进一，车1平3，车九平四，红弃子有攻势。

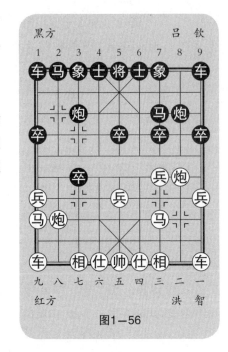

图1—56

5.……　　　　　马2进1

6.炮二平七　　　车1平2

7.车九平八　　　炮3进7

8.仕六进五　　　……

黑方虽得一相，但是子力之间联络不再紧密，利弊各半。

8.……　　　　　炮3退2

9.炮八进四　　　炮8进5（图1—57）

由于黑方阵形之间缺少联络，黑方尽量把防线前推，遏制红方进攻速度。但是这着棋同样是红方弃炮打车巧手，黑方局势进一步恶化。黑方不如车2进2，车一平二，车9平8，车二进六，车2平4，车八平七，炮3平2，炮七平五，象3进5，黑方足可抗衡。

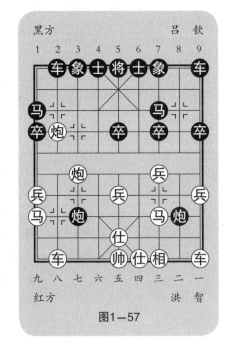

图1—57

10. 炮七平八　　车2平1　　　11. 马九进七　　马1进3

12. 后炮平五　　象7进5　　　13. 车一平二　　马3进5

不能车9平8保炮，否则炮五平九，象3进1，马三进二，黑方8路炮被捉死。

14. 马三进二　　马5进7　　　15. 相三进五　　前马退5

16. 马二进四　　炮8平7　　　17. 马七进六　　……

红方子力已经兵临城下，黑方无力防守。

17. ……　　　士6进5　　　18. 马六进五　　象3进5

19. 马四进五

黑方必失一车，投子认负。

第19局　湖北 汪洋　胜　厦门 苗利明
第1届上海杯象棋大师公开赛
对兵局

1. 兵七进一　　卒7进1　　　2. 炮二平三　　……

红平炮瞄卒逼令黑方立即表态，战法积极。红方如马八进七，则马8进7，将形成相对平稳的局势。

2. ……　　　象3进5

飞右象，可使右马保持灵活多变。

3. 马二进一　　马8进7

4. 车一平二　　车9平8（图1—58）

黑方出车护炮，正着。如改走马7进6，马八进七，车9进1（如马2进4，车九进一，炮8平7，车九平四，马6退4，相七进五，车9进1，车二进六，红优），相七进五（亦可炮八进三！伏兵七进一攻马），卒3进1，兵七进一，车9平3，兵七平六，车3进5，炮八退一，红方较先。

5. 车二进四　　……

高车，可免受压制，是正着。

5. ……　　　炮8平9

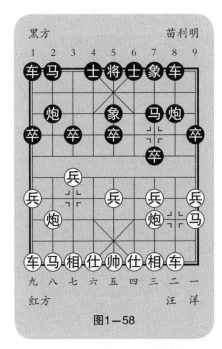

图1—58

6. 车二平四　　马7进8

黑方如改走卒9进1，马八进七，马2进1，兵九进一，炮2平4，兵九进一，车1平2，兵九进一，马1退3，车九平八，车2进6，炮八平九，车2进3，马七退八，车8进3，马八进七，红方过一兵占优。

7. 马八进七　　卒7进1

8. 车四平三　　马8进9

9. 车三平四　　车8进4

10. 炮三退一　　马2进3

11. 车九进二　　……

高车巧手，伏有马七进六再炮八平二策应右翼的机会。

11. ……　　　　车1进1

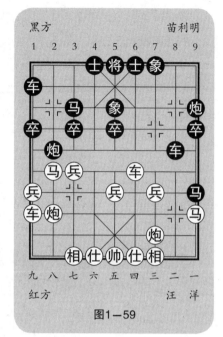

图1-59

12. 马七进八　　……

黑方起右横车后，红方炮兑炮，意图侵消黑方右翼的防守力量。

12. ……　　　　炮2进2（图1-59）

黑方不宜炮2进5，红车九平八以后，黑方如续走车8平2，则车八平四，士4进5，前车进四，象5进7，马八退七，红方优势。

13. 炮八进三　　车8平2　　14. 车九平四　　炮9退2

如士4进5，则红方有前车进四压象眼的先手。

15. 马八退七　　卒3进1　　16. 兵七进一　　车2平3

17. 炮三平七　　马3进4　　18. 前车平六　　车3平2

19. 车四平六　　马4退3　　20. 炮七进六　　……

红方先手谋得一子，黑方还要补棋。

20. ……　　　　士4进5　　21. 车六进二　　车1平3

22. 马七进六　　车2平5　　23. 炮七退一　　马9退8

24. 炮七平五　　马8进6　　25. 马六进四

黑方认负。

第20局　河南 曹岩磊　胜　河北 申鹏

第1届上海杯象棋大师公开赛
中炮进三兵对左三步虎

1. 炮二平五　马8进7　　2. 马二进三　车9平8

3. 兵三进一　炮8平9

红方先挺三兵而缓开右车，可避免黑方挺7卒形成的变化。当然，由于右车缓出，黑也多了平炮亮车走成左三步虎的变化。

4. 马八进七　……

左马正起，可加强中心区域的作战能力。此时不宜走马八进九，否则黑有卒1进1！炮八平七，卒1进1，兵九进一，车1进5，局面变数大，红方不易控制局面。

4. ……　　卒3进1

挺卒制马，针锋相对。此手如应以象3进5，则炮八平九！车8进4，车九平八，马2进4，车一进一，黑方右翼将受攻击。

5. 车九进一　马2进3　　6. 车一进一　……

红方双横车有意避开车九平六的常见走法。

6. ……　　象3进5

7. 车一平六　……（图1-60）

先抢占助车控制黑方3路马的活动线路，正确。如先走马三进四，士4进5，车九平六，车8进4，马四进三，炮9退1，炮五平三，马3进4，炮八进三，车8进3，车六进四，车8平7，相七进五，炮9平7，炮八进一，车1平3，黑方满意。

7. ……　　车8进4

8. 兵五进一　士4进5

9. 马七进五　炮2进2

10. 车九平七　……

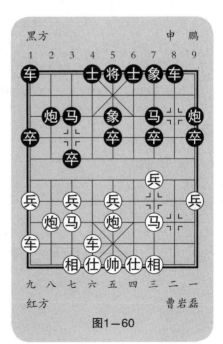

图1-60

第一部分　2021年度篇

上一着黑方巡河炮遏制红方中路攻势,现在红方再平七路车,准备打破黑方河口防线。

　　10.……　　　　车1平4

　　11.车六进八　　将5平4

　　12.兵七进一　　马3进4

　　13.车七平六　　……

灵活的选择,如兵七进一,则马4进5,马三进五,车8平3,车七进四,象5进3,马五退三,黑方可以卒7进1兑卒活马,双方局势平稳,易于成和。

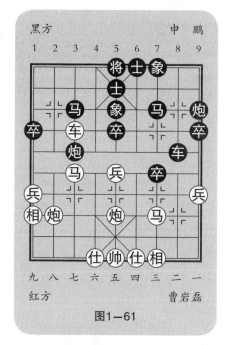

图1—61

　　13.……　　　　将4平5

　　14.车六进三　　卒3进1

　　15.马五进七　　炮2平3

　　16.相七进九　　马4退3

防止红方炮八进三,只好退马。这样交换下来,红方获得便宜。

　　17.车六进二　　卒7进1　　　　18.车六平七　　卒7进1(图1—61)

黑方如改走马7进6,红兵五进一,马6进7,兵五平六,马7进5,相三进五,卒7进1,兵六平七,红方同样大优,于是弃马反击,勇气可嘉。

　　19.车七进一　　卒7进1　　　　20.炮八进七　　……

沉底炮先弃后取,战术主题清晰明快。

　　20.……　　　　将5平4　　　　21.车七进二　　将4进1

　　22.炮五平六

黑方认负。

第二部分　快棋赛

第1局　成都 郑惟桐　先胜　河南 曹岩磊
五七炮进三兵对屏风马

1. 炮二平五　马8进7　　2. 兵三进一　……

在快棋赛中，棋手通常会选择自己最擅长的布局套路。先进三兵意在迫使对方放弃对攻激烈的进7卒体系。

2. ……　　卒3进1　　3. 马二进三　车9平8

4. 车一平二　马2进3　　5. 马八进九　卒1进1

6. 炮八平七　马3进2　　7. 车九进一　……

红方出横车力求左右子力平衡发展，稳健之着。

7. ……　　象3进5　　8. 车九平六　马2进1

9. 炮七平六　……

平肋炮是网络上近期流行的走法，在快棋赛上，郑惟桐特级大师采用此着在他以往对局中还是首次出现，应有备而来，意在打乱黑方布局准备。红方用意是利用顿挫战术，变后为先。

9. ……　　炮2平4（图2-1）

红方平六路炮最直观的进攻手段是炮六进五，士4进5，炮六平三，炮2平7，车二进六，红车牵制黑方8路线无根车炮。如何防守红方炮六进五的手段，炮2平4这着棋还是比较积极的，如士进5，红方可顺势车六平八再抢一着，黑方略显委屈。

10. 车六平八　士6进5

11. 车二进六　车1进3

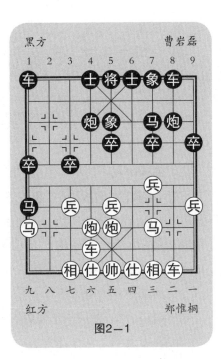

图2-1

布局至此，双方已经脱离五七炮进三兵的常规套路，双方进入到一个新的局面之中，这对被动变着的黑方来讲，心理上承受着考验。

12. 车八进二　卒1进1　　13. 马九退七　卒3进1

弃卒是当前黑方最佳应着。红方如不理,则卒3平2支援边马,如兵七进一,则炮4平3攻击红方七路马。

14. 兵七进一　炮4平3　　15. 炮六平九　炮3进6

16. 车八平九　炮3平1　　17. 车九平六　车1平2

车路虽通，但是牵制力不足，不如车1平3对红方更有牵制力。

18. 马三进四　炮8平9　　19. 车二进三　马7退8

20. 马四进六　车2进6

这是黑方2路车与3路车的区别所在，如果车在3路，可以车3进2吃兵，利用红方七路线的弱点进行牵制，红方也可以车六平七兑车，局势松透很多。

21. 炮五进四　车2平3　　22. 炮九平八　车3平2

23. 炮八进四　炮1进1　　24. 帅五进一　……

黑方后续子力没能跟进，红方进一步帅防抽，老练。

24. ……　　　车2退1　　25. 帅五进一　车2退1

26. 帅五退一　车2进1　　27. 帅五进一　马8进7

28. 炮五退一　……

第一感炮五退二比较实在，并有炮五平九的先手。但是象棋讲究整体进攻，红炮退一是为兵五进一留出位置，以后车六平四控制黑方将门。

28. ……　　　车2退1　　29. 帅五退一　将5平6

30. 兵五进一　车2进1　　31. 帅五进一　车2退1

32. 帅五退一　车2进1　　33. 帅五进一　车2平6

34. 马六进七　……

进马正确，如炮八进一,象5退3,炮八平一,象7进9,红方续走仕六进五,则卒7进1,红方帅位不好，有顾忌。

34. ……　　　车6退1　　35. 帅五退一　车6进1

36. 帅五进一　车6退1　　37. 帅五退一　车6进1

38. 帅五进一　炮1平3

平炮打马稍显冒进，不如象5退3先守一着。

39. 马七退八　象5退3　　40. 马八进六　……

至此，黑方吃了一个暗亏。如第38回合时，先走象5退3，则马七退八，车6退1，帅五退一，马7进5，马八进六，车6进1，帅五进一，炮9平4，车六平七，马5退7，红方两条肋线都被黑方控制，并且黑方9路炮借机调到右翼，卡住红马进攻的线路，黑方满意。

40. ……　　　车6退1　　41. 帅五退一　车6进1

42. 帅五进一　炮9退1

黑方被迫转入防守，9路炮显然不如在4路士角时阵形更牢固。

43. 炮八进三　车6退1　　44. 帅五退一　车6进1

45. 帅五进一　车6退1　　46. 帅五退一　车6进1

47. 帅五进一　士5进4　　48. 马六进八　车6退6

49. 炮五平七　……

兑炮是红方夺势的要点，暴露出黑方底线的弱点。

49. ……　　　炮3退5　　50. 兵七进一　炮9平2

黑方防守阵形已经散乱。

51. 兵七进一　车6进5　　52. 帅五退一　车6进1

53. 帅五进一　车6退1　　54. 帅五退一　车6进1

55. 帅五进一　士4退5　　56. 兵五进一　……

此时，红方子力占位甚佳。本着稳健的原则，红方开始调整帅位，以静制动。

56. ……　　　车6退3　　57. 帅五平六　车6平7

58. 帅六退一　卒7进1　　59. 兵七进一　车7平3

60. 兵七平六　车3进3　　61. 帅六进一　车3退1

62. 帅六退一　车3进1　　63. 帅六进一　车3退7

显然不能士5进4吃兵，否则车六进四，黑方防守立时崩溃。

64. 兵六进一　炮2平4　　65. 马八进六　马7进8

66. 帅六平五　卒7进1　　67. 帅五退一　马8进6

68. 车六进三　车3进3　　69. 帅五退一　……（图2-2）

放弃过河兵，虽然代价有些大，但是可以确保后防的安全。在时间紧迫的情况下，郑惟桐特级大师不愿采用更为复杂的变化，如果想保留过河兵，走车六平四，将6平5，兵五平四，黑方马6进4，红方帅位不安，有可能给黑方反击的机会，因为郑惟桐特级大师放弃过河兵，保持子力的灵活性与帅位的安全。

69. ……　　　车3平5　　70. 仕四进五　车5平3

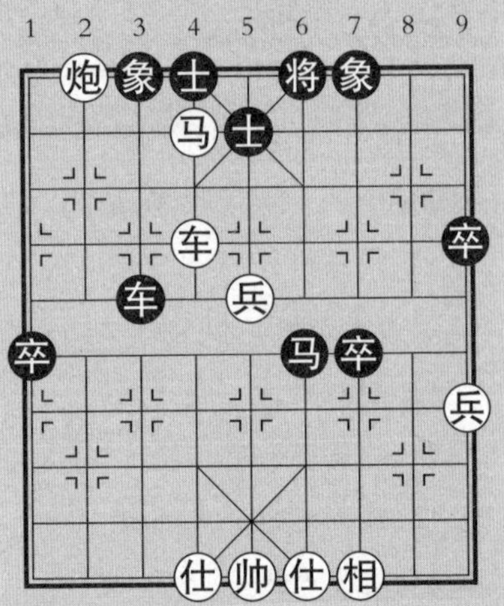

71. 车六平一　　将6平5

72. 炮八退三　　车3平4

73. 马六退八　　马6进4

74. 马八退六　　车4平3

75. 车一平三　　象7进5

76. 车三退二　　……

消灭黑方过河卒以后，红方已经确立有赢无输的局面。

76. ……　　　　将5平6

77. 车三平六　　马4进3

78. 车六退三　　车3退1

79. 炮八退四　　……

准备保留成车炮兵的进攻子力组合。

79. ……　　　　车3平4

80. 车六平七　　车4进3

81. 兵一进一　　车4平7　　82. 相三进一　　卒1平2

83. 车七进五　　车7进1　　84. 车七平四　　将6平5

85. 仕五进四　　车7退3　　86. 炮八平五　　车7平5

87. 炮五退一　　……

给炮生根，又避开黑车的骚扰，老练。

87. ……　　　　卒2平3　　88. 车四退三　　卒3平4

89. 帅五平四　　车5平8　　90. 炮五退一　　……

守得密不透风，不给黑方丝毫"闹事"的机会。

90. ……　　　　车8进1　　91. 兵一进一　　卒4平5

92. 仕六进五　　车8平9　　93. 车四进二　　卒5平6

94. 兵一平二　　车9平8　　95. 兵二平三　　象5进7

96. 车四平三　　……

红方现在的物质力量，已经足够控制局面。

96. ……　　　　将5平6　　97. 车三平四　　将6平5

98. 仕五进六　　卒6平5　　99. 仕六退五　　卒5平6

100. 相一退三　　车8平7　　101. 相三进五　　车7平8

黑方　　　　　　　　　　曹岩磊

图2-2

红方　　　　　　　　　　郑惟桐

058

102. 相五退七 ……

红方把相转移到左翼，为以后底炮调运提供支援。

102. ……	车 8 平 9	103. 车四平二 将 5 平 6
104. 车二平四 将 6 平 5		105. 车四平二 将 5 平 6
106. 车二平四 将 6 平 5		107. 炮五平六 卒 6 平 5
108. 车四平五 卒 5 平 6		109. 车五平四 卒 6 平 5
110. 帅四平五 车 9 平 6		111. 车四平五 卒 5 平 4
112. 炮六进二 卒 4 进 1		113. 炮六平九 ……

平边炮以后，黑车已经无力阻挡红炮向前线运动。

113. ……	车 6 平 3	114. 相七进五 车 3 平 1
115. 炮九平七 车 1 平 3		116. 炮七平九 车 3 进 2
117. 炮九进二 车 3 退 2		118. 炮九进二 车 3 退 2
119. 炮九退二 车 3 退 1		120. 车五平二 车 3 平 5
121. 相五退三 车 5 进 3		122. 炮九进二 车 5 退 2
123. 炮九退二 象 3 进 5		124. 炮九平一 车 5 平 9
125. 炮一平五 车 9 平 5		126. 车二进四 士 5 退 6

127. 炮五退二 ……

以上几个回合，红方炮相互为依托，构思精准巧妙。

| 127. …… | 士 4 进 5 | 128. 车二退二 车 5 进 1 |

黑方进车暗藏陷阱，红方如炮五进五，则士 5 进 4，相三进一，将 5 平 4，炮五平三，车 5 平 7，红方车炮无法脱身，和棋。

129. 车二退一 车 5 进 2

进车保卒则丢象，如不保卒，走车 5 进 1，则车二平九，车 5 退 1，车九进三，士 5 退 4，车九退六，黑方丢卒。

| 130. 车二平八 士 5 退 4 | 131. 车八进一 士 6 进 5 |
| 132. 炮五进五 士 5 进 4 | 133. 炮五平四 …… |

不能走车八平六，否则将 5 进 1，炮五平二，车 5 退 4 兑车，红方取胜困难。

133. ……	车 5 平 6	134. 炮四平五 车 6 平 5
135. 炮五平四 车 5 平 7		136. 相三进五 卒 4 平 5
137. 车八退一 士 4 进 5		138. 车八平五 将 5 平 4
139. 炮四退三 卒 5 平 6		140. 车五平八 车 7 退 1

141. 炮四进二　将4平5　　142. 车八进三　士5退4

143. 车八退六

黑方如续走车7进1，则炮四平九，红方以后炮九退三，捉死黑卒，形成车炮单缺相例车双士残局，红方胜定。至此，黑方投子认负。

第2局　杭州 刘子健　先负　浙江 赵鑫鑫

五八炮进三兵对屏风马

1. 炮二平五　马8进7　　2. 马二进三　车9平8

3. 车一平二　马2进3　　4. 兵三进一　卒3进1

5. 马八进九　卒1进1　　6. 炮八进四　……

红方左炮进占卒林，准备平三掠兵或平七压马，形成五八炮左马屯边的布局雏形。

6. ……　　　　　象7进5　　7. 炮八平七　……

黑方出直车护炮，有意避开车1进3，车九平八，车1平3，车八进七，炮8平9，车二进九，马7退8，车八退六这路和棋谱。

7. ……　　　　车1平2

8. 车九平八　炮2进4

9. 车二进六　士4进5

10. 炮五平六　……（图2-3）

平炮稳健，如车二平三，则炮8进4红方面临是否要吃掉黑方7路马的挑战。如续走车三进一吃马，则炮8平7，车三平一，炮7进3，仕四进五，卒9进1，车一退一，车8进8，黑方弃子有攻势。

10. ……　　　　炮8平9

11. 车二平三　……

保留复杂变化的选择。

11. ……　　　　车8进2

12. 兵三进一　……

进兵积极，不给黑车巡河的机会。如

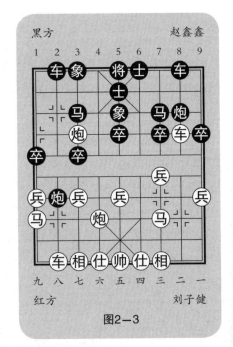

图2-3

2021 全国象棋个人赛精彩对局解析

相七进五，炮9退2，仕六进五，炮9平7，车三平四，车8进2，黑车巡河以后扩大防守范围，随时可以邀兑红车，黑方满意。

12. ……　　　　炮9退2

同样是保留变化的考虑。如求稳可选择象5进7，车三退一，象3进5，车三退一（车三进一，炮9退2，以后炮9平7，黑方反先），马7进6，兵七进一，卒3进1，车三平七，车8进4，黑方虽少一象，但是子力位置灵活，足可抗衡。

13. 车三平四　炮9平7　　14. 兵三进一　马7退8

15. 相三进五　车8进2　　16. 仕六进五　车8平4

17. 马三进四　车4退1

放弃中卒，意在通过子力交换打破僵局。

18. 炮七平五　卒3进1

19. 相五进七　……

如兵七进一，则炮2平9借叫杀之机脱身，黑方满意。

19. ……　　　　炮2平5

20. 帅五平六　车2进9

21. 马九退八　炮5平1

当前局面下双方互有牵制，炮打边卒准备炮1进3牵制底线，这是黑方找到的突破点。

22. 炮五退一　车4平6

23. 兵三平四　炮7进9

24. 帅六进一　炮7退1

25. 仕五进四　马8进7

26. 马八进七　……（图2-4）

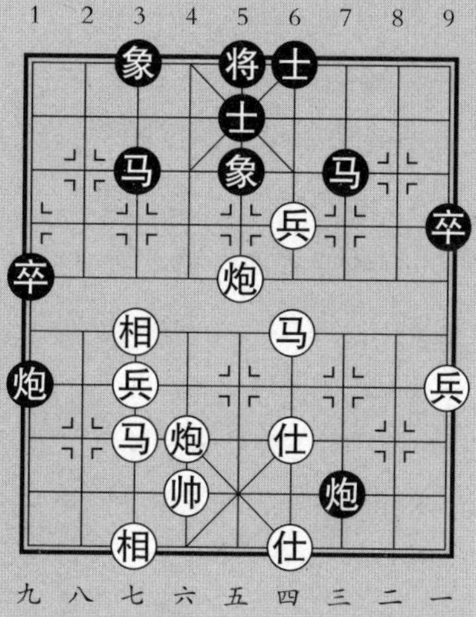

图2-4

黑方　　　　　　　　赵鑫鑫

红方　　　　　　　　刘子健

此时进马不够细腻，首先是七路马本身没有好的线路可以跳出去，再则黑方炮1平9已经是最佳的选择，进马捉炮正好为黑方赶了一步棋。可以考虑兵四平三，马7进5，相七退五，炮1平9，马四退二，炮7退2，兵七进一，红方子力活跃且多过河兵，蓄势待发，更容易控制局面。

26. ……　　　　炮1平9　　27. 马四退二　炮7平6

28. 兵四平三　马7进5　　29. 帅六平五　炮6平8

30. 兵三平四　马5进3　　31. 马二进三　……

双方一番你争我夺，红方仍然手握优势。

31. ……　　将5平4　　32. 炮五平六　将4平5

33. 前炮平五　将5平4　　34. 炮六进二　炮9退2

退炮化解红方攻势，老练。

35. 炮五退三　炮8退4　　36. 马三进二　前马进5

失去红方中炮的钳制，黑马顿时活跃起来。

37. 马七进五　马3进2　　38. 炮六退一　炮8平5

39. 炮五进二　炮5进2

双方交换以后，红方帅位不佳的弱点暴露无遗。

40. 兵四平三　……

平兵准备谋取边卒，红方也有意收缩战线。

40. ……　　炮9平5　　41. 马二退四　前炮平7

42. 炮五平三　炮5退1

不能随手炮7退3吃兵，红方炮三平六再马四进三成杀。

43. 马四进三　炮5进2　　44. 马三退四　炮5退2

45. 马四进三　炮5进2　　46. 马三退四　炮5退2

47. 兵三进一　马2进3　　48. 炮三平六　将4平5

49. 炮六平二　……

平炮攻守兼备，伏有炮二进五沉底，象5退7，炮二退三，炮7退3，兵三进一的进攻选择，双方可以形成互相牵制之势。

49. ……　　士5进4　　50. 兵三进一　士6进5

51. 炮二进五　士5进6　　52. 兵三平四　士4退5

53. 马四进二　将5平4

出将避开红方马炮兵的锋芒，正确。

54. 马二进三　将4进1　　55. 炮二平七　炮7平5

56. 帅五平四　马3进2

暗藏杀机，准备马2进4做杀。

57. 仕四退五　前炮平6　　58. 帅四进一　……

上帅过于消极。可以考虑兵四平五，士6退5，马三退二，这样防守要顽强一些。

58. ……　　炮6退5　　59. 帅四平五　炮6平7

60. 炮七退三　士5退6　　61. 马三退一　卒9进1

62. 马一退三　将4平5　　63. 马三退四　将5退1

64. 马四进二　炮7平6　　65. 马二退三　卒9进1

66. 炮六进一　卒9进1

黑方通过弃卒打乱红方子力之间的联系，特别是三路马被调离防守位置，为黑方下一步进攻减小阻力。

67. 马三退一　马2退1　　68. 相七退九　……

退相露出破绽，被黑方抓住机会。

68. ……　　　马1退2　　69. 炮六退一　马2进4

70. 炮七退五　马4进6　　71. 炮六平七　炮6平5

72. 马一退三　马6退4

红方认负。

第3局　杭州　王天一　先胜　河南　党斐
飞相对进马局

1. 相三进五　马2进3　　2. 兵七进一　炮8平5

黑方先进马再架中炮，这在快棋比赛中也是常见的"以我为主"的战略。

3. 炮八平七　马8进7

当前局面黑方有多种应法，主要有卒5进1、炮5进4、象3进1、炮2进5等四种应着。这四种变着的选择都是策应3路马展开的。实战中，黑方选择马8进7准备弃掉右马，与红方展开积极的对攻。

4. 兵七进一　……

冲七兵接受挑战，以硬碰硬。

4. ……　　　卒3进1

5. 炮七进五　车9平8

6. 马二进四　车1进1

7. 车九进一　……（图2-5）

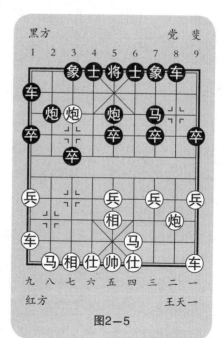

图2-5

高左车以最快的速度提升左车在战场中的威慑力，这是王天一特级大师的独门飞刀。曾经呈此布局战胜多名大师。正是由于此前的上佳表现，使得王天一特级大师对此路变化平添几分底气。除王天一特级大师的车九进一的变化外，此时红方还有马八进七的选择，以下车1平3，炮七平六，卒3进1，炮六退六，卒3进1，炮六平七，车8进4，车一平二，车8平4，双方形成互相牵制之势。

7. ……　　　　　车8进4　　8. 车一进一　　　车1平6

9. 仕六进五　　　车6进4　　10. 车九平八　　　卒3进1

进3卒是党斐大师走出的一步新着。以往曾出现卒5进1的着法，以下炮七进一，炮2平4，车八平六，士6进5，车六进五，炮5平6，车六平三，炮6进6，车三进一，车8进3，车三进二，士5退6，车一平三，红方弃还一子后，局面稍有缓和。

11. 车八进五　　　马7退5　　12. 炮七退一　　　……

退一步炮正着，随时炮九平七威胁黑方中路。

12. ……　　　　　炮2进7　　13. 车八退六　　　炮5平6

14. 炮二平四　　　炮6进5　　15. 仕五进四　　　车6进2

16. 相五进七　　　……

红方已然多子，暂时没有必要走更复杂的变化。如仕四进五，车6退2，车八进八，象7进5，车八平六，马5退7，车六退二，士6进5，相五进七，车6平3，相七进五，车3平6，红方缺仕，后防也有顾忌。

2021 全国象棋个人赛精彩对局解析

16. ……　　　　　车8平6

17. 车八进一　　　后车平3

18. 炮七平三　　　车3进1

19. 马四退六　　　……

退马护住底线，兼活车路，好棋。

19. ……　　　　　车6退4

20. 炮三退二　　　车6进3

21. 车八平四　　　车6平5

22. 相七进五　　　象3进5（图2-6）

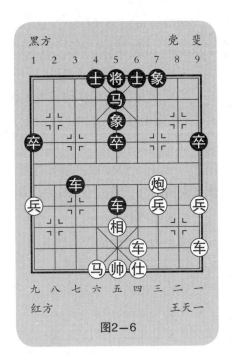

图2-6

当前局面，黑方已经无防守的必要，不如放手一搏，选择马5进4，车四进五，车3进4，车一平四，士4进5，仕四进五，车5进1，尽快形成互有顾忌的局面。

23. 车四进六　马5进3　　24. 车一平四　士4进5

25. 前车平三　车3进4　　26. 车四进一　车3平2

27. 炮三进五　象5退7　　28. 车三平七　车2退6

退车坚守后，红方已无后顾之忧。

29. 仕四进五　卒5进1　　30. 兵三进一　车5平9

31. 车七进二　士5退4　　32. 车七退四　车2平5

33. 车四进三　车9平5　　34. 马六进七　前车退1

35. 车七退一　……

兑车是保持优势的好棋。

35. ……　　　前车平3　　36. 相五进七　卒5进1

37. 相七退五　卒5进1　　38. 马七进六　车5进2

39. 马六进七　卒5进1　　40. 车四平五　车5退1

41. 马七退五　卒9进1

如改走象7进9，则马五进四，将5进1，仕五退六，卒9进1，马四退二，将5退1，兵三进一，红方亦是胜势。

42. 兵三进一　卒9进1　　43. 马五进六　将5进1

44. 仕五退四　……

老练，虽然只有一仕，但是对黑卒的进攻形成很大的干扰，为残局阶段赢得时间。

44. ……　　　卒9平8　　45. 马六进八　卒8进1

46. 马八进六　卒8平7　　47. 马六退七　将5退1

48. 马七退九　卒7进1　　49. 马九退八　卒7平6

50. 兵三平四

黑方认负。

第4局 江苏 吴魏 先负 北京 蒋川
五七炮进三兵对屏风马

1. 炮二平五　马8进7　　2. 兵三进一　车9平8

3. 马二进三　卒3进1　　4. 车一平二　马2进3

5. 马八进九　卒1进1　　6. 炮八平七　马3进2

7. 车九进一　……

至此形成五七炮进三兵对屏风马挺3卒的基本阵势，也是近年来较为流行的布局之一。

7. ……　　　车1进3

黑方升车卒林，是飞右象的续着，作用是防止红肋车侵扰，又可保护中卒。

8. 车九平六　象3进5

黑方起右象待变，窥测红横车之定向，再决定右翼出子方向。

9. 车二进六　……

进车压封是此时红方的最佳着法，逼黑表态。

9. ……　　　炮8平9

平炮兑车透松左翼，着数比较稳健。

10. 车二平三　……

导致局势复杂化，双方都较难以掌握。

10. ……　　　炮9退1

退炮准备驱车是有针对性的下法，也被公认为当前必走之着。

11. 车三平四　……

红方如走车六进六捉炮，则炮2平3，车三进一，士4进5，车六平七，马2退3，黑方易走。

11. ……　　　车8进4

12. 马三进四　士4进5

13. 炮五平三　……（图2-7）

拆中炮至三路线是一步新着。红方用

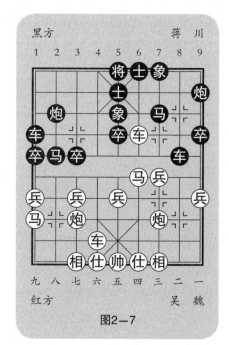

图2-7

意是准备利用肋车的配合,强攻红方7路线。常见的走法是车六平三,象7进9,兵五进一,炮2进1,车四进二,炮2退2,车四退二,车8平6,车四退一,马7进6,炮五平二,双方相对,互有机会。

13. ……　　　炮9进5

边路突破是一步好棋,随时可以破坏红方的进攻计划。

14. 炮三退一　　……

准备炮七平三发动进攻。

14. ……　　　炮9平6

边路突破的后续手段,后发先至,局面认识深刻。

15. 马四进六　炮6平7　　16. 相三进五　炮7平9

利用顿挫战术,对红方右翼形成威胁。

17. 马六退四　马2进1　　18. 炮七平八　卒1进1

19. 炮三退一　炮9进3　　20. 车六平一　车8平9

兑车正着,保留底炮继续对红方形成牵制。

21. 车一进四　卒9进1　　22. 兵三进一　车1平4

23. 兵三进一　马1进3　　24. 仕六进五　卒1进1

黑方弃马抢攻,力度十足。

25. 兵三进一　卒1进1　　26. 炮八进三　炮2平7

27. 车四平二　卒9进1

进边卒,以后利用黑卒为支点,持续推进。

28. 车二退六　炮9平7　　29. 车二平三　炮7平8

30. 车三平二　炮8进3　　31. 车二进二　卒1平2

32. 相五退三　车4平2　　33. 炮八平九　马3退5

34. 车二平五　马5退7　　35. 马四进五　卒2进1

36. 炮九进四　　……

黑方双卒过河以后,红方看到苦守已经无法防守,沉底炮待机发动进攻。

36. ……　　　车2平1　　37. 炮九平八　车1平4

38. 马五进三　炮8进1　　39. 马三退四　车4进1

40. 马四退五　车4进1　　41. 炮八平九　马7进5

42. 车五进一　卒9平8（图2-8）

交换以后,红孤军深入对黑方无法构成威胁。黑方确立优势后,稳步进取,这对红方来说要承受很大的压力。

43. 炮九退七　炮8进3

44. 炮九平一　卒2平3

45. 相七进五　车4平6

防止红方炮一退一对黑卒的骚扰。

46. 车五平六　车6退1

47. 炮一退一　车6进4

48. 炮一进五　车6退5

49. 炮一退五　车6进5

50. 炮一进五　车6退5

51. 炮一退五　炮8退1

52. 炮一进四　车6平5

53. 炮一退四　车5平9

54. 炮一进二　前卒平4

55. 仕五退六　炮8进1

56. 仕六进五　卒4平5

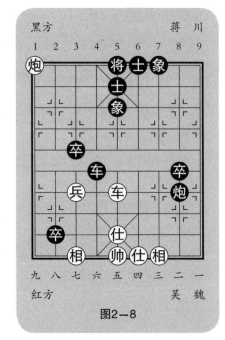

图2—8

弃卒破仕，准备发起最后一击。

57. 帅五进一　炮8平6　　58. 炮一平四　炮6平1

59. 兵七进一　卒3进1　　60. 车六平九　炮1平4

61. 相五进七　炮4退5　　62. 相七退五　车9平2

63. 炮四进二　炮4平5　　64. 车九平五　炮5退1

65. 帅五平四　炮5平6　　66. 帅四平五　炮6平5

67. 帅五平四　车2进1　　68. 车五进三　车2平6

交换以后，形炮车高卒士象全例胜车双象残局。

69. 帅四平五　车6进2　　70. 相五进七　卒8进1

71. 相三进五　卒8平7　　72. 相五退七　车6平3

73. 相七进九　卒7进1　　74. 车五退四　卒7进1

75. 车五平六　车3平2　　76. 车六进四　士5进6

77. 车六平五　车2平6　　78. 帅五进一　车2进1

79. 帅五退一　车2平6　　80. 车五退三　卒7平6

81. 帅五平六　车6平2　　82. 车五进三　车2退3

83. 帅六进一　车2平4　　84. 帅六平五　车4进3

85. 帅五平四　卒6平7　　86. 车五平三　车4平6

87. 帅四平五　车6平5

红方认负。

第5局　成都 郑惟桐　先胜　成都 赵攀伟
仙人指路对卒底炮

1. 兵七进一　炮2平3　　2. 炮二平五　象3进5

以飞右象应付红中炮，表面看来，黑中卒失守似有不妥，但实际上黑阵形稳固，对此不足为虑，黑补中象充分保证了卒底炮的威力，是一步寓刚于柔、含蓄多变的应手。

3. 仕六进五　……

先补左仕，等一手，以防止黑方卒3进1的威胁。其主要作用是保留左马暂不定位，以备在往后的许多变例中，可马八进七出正马，以加强中腹之战斗力。

3. ……　马8进7　　4. 马二进三　卒7进1

抢挺七卒，可避开红方两头蛇的变化。如改走车9平8，则红兵三进一，炮8平9、炮八平六，马2进1，马八进七，车1平2，马七进六，形成另一种阵势，红方仍有先行之利。

5. 车一平二　车9平8

6. 车二进四　……

红车巡河乃攻守兼备之着。如直接走车二进六，则略显轻率。

6. ……　马2进4

7. 马八进九　……（图2-9）

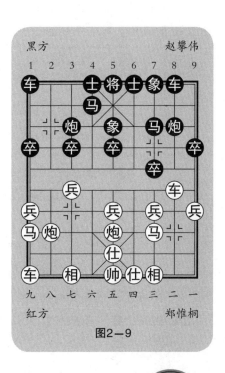

图2-9

跳边马是红方一路主流变化，此时还可以先走炮八平六，以后利用七兵已经挺起来的有利条件构思马七进六的攻击手段。试演一例：炮八平六，车1平2，马八进七，炮8平9，车二进五，马7退8，马七进六，车2进1，车九进二，红方先手。

　　7. ……　　　　　车1平2　　　8. 车九平八　士4进5

　　9. 炮八进一　　……

保留马九进七的机会，协调左翼子的灵活性。

　　9. ……　　　　　炮8退1　　　10. 兵九进一　炮8平9

黑方先退炮保马，再平炮兑车，细腻。如果上一着黑方不走炮8退1直接炮8平9，红方车二平六，炮9退1，炮五平六，红方易走；现在红方再车二平六，黑方可以炮3退2反击，黑方易走。

　　11. 车二平四　车8进3　　　12. 炮五平六　卒5进1

　　13. 车四平六　车2进1　　　14. 车六进一　……

进车加强控制，特别是肋线的控制，而不是为了车二平五简单地吃中卒，否则黑方车8平4再车4进3，红方受困。

　　14. ……　　　　　炮3进3　　　15. 相七进五　炮3平8

　　16. 兵三进一　卒7进1　　　17. 马三进二　卒7平8

　　18. 车六退一　……

退车稳健，伏有马九进八的先手。此时红方也可以炮八平九通过兑车打开局面。以下车2进8，马九退八，马4进2，车六平八，马2退3，炮九进三，卒3进1，炮九进三，士5退4，兵九进一，红方先手。

　　18. ……　　　　　卒3进1

　　19. 马九进八　车2平3

　　20. 车八平六　卒3进1（图2—10）

冲卒急躁，反而给红方打开局面的机会，不如马4进5，炮六平七，卒3进1，相五进七，车3平1，马八进七，卒5进1，前车进一，马5进4，黑方保持复杂的纠缠态势，双方都不易简化局面，互有顾忌。

　　21. 相五进七　马4进5

　　22. 车六进二　……

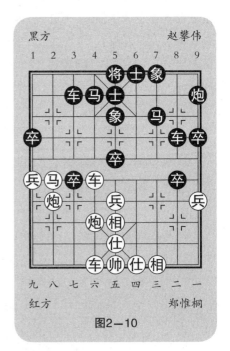

图2—10

进车拦马切断黑方左翼对右翼的支援。

22. …… 车 3 进 4 23. 马八进九 炮 9 平 7

24. 炮六平三 ……

弃炮老练,红方已经在黑右翼有四个进攻子力,确保本方右翼不受侵扰即可。

24. …… 炮 7 进 6 25. 炮八进六 士 5 进 4

26. 前车进一 象 5 进 7 27. 车六进六 将 5 进 1

28. 马九进七 将 5 平 6 29. 炮八退一 车 3 进 4

30. 仕五退六 车 8 平 6 31. 车六进一

黑方认负。

第6局 厦门队 苗利明 先负 成都 郑惟桐
中炮巡河车对屏风马

1. 炮二平五 马 8 进 7 2. 马二进三 车 9 平 8

3. 车一平二 马 2 进 3 4. 车二进四 ……

红方进巡河车,有意避开马八进九或兵七进一的常规套路。

4. …… 卒 7 进 1

5. 马八进七 象 3 进 5

6. 兵五进一 ……

常见的走法是兵三进一兑兵,发挥巡河车的作用,稳步进取。

6. …… 士 4 进 5

7. 炮八平九 炮 2 进 4（图2-11）

进炮兵林线是破解盘头马的常见走法,也是保持变化的必然选择。以往黑方多走卒3进1形成两头蛇阵形,以后红方借用盘头马进攻时,双方有可能形成子力大交换,和棋机会较多。试演一例:卒3进1,车九平八,炮2进2,马三进五,车1平4,炮九进四,马7进6,兵五进一,卒7进1,车二平三,马6进5,马七进五,炮8进

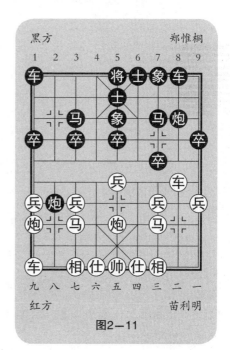

图2-11

4，马五进六，炮2平4，兵五平六，马3进4，局势发展较为平稳。

8. 车九平八 车1平2 9. 炮五进一 ……

逼退黑炮，老练。

9. …… 炮2退2 10. 车二进二 ……

红方进车意在避开黑方马7进8的攻击手段，但严格地讲这着红方有失先的嫌疑。可以考虑兵七进一，马7进8，车二平四，马8进7，车四退一，马7退8，马三进四，红方子力盘旋而上，双方对峙。

10. …… 马7进6 11. 车八进四 卒3进1

此时，红方阵形中双马仍有问题，黑方进3卒待机而动，老练。

12. 炮五进三 ……

炮打中兵，看似积极有力，其实是一种错觉。黑方显然是不会考虑马3进5，车二平五造成2路车受牵，红方又有兵五进一冲击中路的机会。即然黑方不会考虑交换，那么红方三路马和二路车就会受到黑方闪击。红方较为理想的选择是车二退二，修补好阵形中的薄弱环节。

12. …… 卒7进1 13. 车二平四 马6进7

14. 马七进五 炮8进3

进炮准确有力，随时准备在红方中路开战。

15. 车四平三 卒3进1

16. 车八退二 ……（图2-12）

红方不可走车八平七，否则马3进5，车三平五，卒7平6，车五平九，卒6平5，马五进三，炮2平7，黑方大优。由此，也可以看出上一着红方车四平三的弊端，不如仕四进五稳健。

16. …… 炮8平5

17. 仕六进五 卒3进1

18. 相七进五 车8进4

高车伏有马3进5，车三平五，卒3平4，马五进三，车2平3，车八退二，车8平3的叫杀手段。

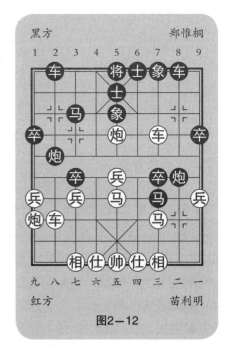

图2-12

19. 马五进三　马3进5　　20. 车三平五　车8平7

21. 车五退一　车7平5

如车7进1，则车八进三，红方有机会简化局面。

22. 前马进五　炮2进2　　23. 兵九进一　车2进4

24. 马五退三　车2平7　　25. 马三退五　炮5退2

26. 炮九进一　马7退5　　27. 车八平六　车7进3

黑方认负。

第7局　北京 蒋川　先胜　杭州 郭凤达

对兵局

1. 兵七进一　卒7进1　　2. 炮八平五　马2进3

3. 马八进七　车1平2　　4. 车九平八　马8进7

5. 炮二平三　卒9进1　　6. 车八进六　马7进8

7. 马七进六　车9进3

双方还原成反向的五七炮进三兵对屏风马的常见阵形。

8. 兵三进一　卒7进1

冲卒虽可出奇不意，但是弃象后风险很大。常见的选择是象7进5，兵三进一，象5进7，炮三退一，象7退5，马二进三，车9平6，双方对峙。

9. 炮三进七　士6进5

10. 马二进一　车9退3

11. 炮三退三　车9平6

12. 仕四进五　……（图2-13）

补仕是一着新变，在2018年象甲比赛中，苗利明大师与程鸣大师对弈时曾走到这个局面，当时苗利明大师选择是炮三平七，以下马8进6，仕四进五，象3进5，炮五平六，炮2平1，车八进三，马3退2，相三进五，炮1平3，局势较为平稳，最

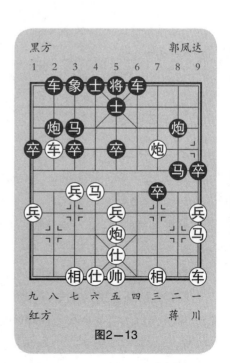

图2-13

终双方弈和。

　　12. ……　　　　炮2平1

　　黑方见红方抢先变着，准备上稍有不足。其实黑方冷静的选择是象3进5或马8进6，仍可转换布局套路。平炮兑车看似减缓压力，实际上被红方利用。

　　13. 炮三平七　象3进5　　14. 车八进三　马3退2

　　15. 马六进五　……

　　马踏中卒以后，不难看出黑方局面亏损之处。苗程对局中，黑马跳到6路线，有效地对中卒形成保护。中线被红方突破后，黑方局面亏损很大。

　　15. ……　　　　马2进3　　16. 马五进七　炮8平3

　　17. 车一平二　马8进6　　18. 车二进六　……

　　进车控制卒林线，随时可以兵五进一，红方子力活跃。

　　18. ……　　　　车6平7　　19. 炮五平八　车7进3

　　20. 车二平三　马6退7　　21. 炮八进七　炮3退2

　　22. 相三进五　卒7平6　　23. 马一进三　炮1进4

　　24. 马三进二　……

　　黑方单象防守力量薄弱，红马冲进来以后，黑方防守压力巨大。

　　24. ……　　　　士5进6

　　25. 马二进四　马7进8

　　26. 马四退六　将5进1

　　黑方不能逃象，否则马六进八，黑方立时崩溃。

　　27. 炮七平五　将5平6

　　28. 马六进五　士6退5

　　29. 炮八退五　炮1退1

　　30. 炮五平七　……

　　调炮准备叫将，进一步破坏黑方防线。

　　30. ……　　　　士5进4

　　31. 炮七进二　……（图2—14）

　　冷静，如马五进六吃士，则将6平5，炮七平五，红方还要多花一步棋才能把马跳回来，不如先炮控士，取胜更加简明。

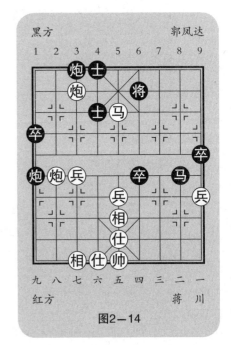

图2—14

31. ……	将 6 平 5	32. 马五进三	将 5 平 6
33. 马三退四	炮 3 平 2	34. 马四进六	将 6 退 1
35. 炮七进一	士 4 进 5	36. 马六进八	

红胜。

第8局　广东 许国义　先胜　广东 吕钦
五八炮进三兵对屏风马

1. 炮二平五	马 8 进 7	2. 兵三进一	……

抢挺三兵，作战计划明显，将棋局直接限定在中炮进三兵的范畴之内。

2. ……	车 9 平 8	3. 马二进三	卒 3 进 1
4. 车一平二	马 2 进 3	5. 马八进九	象 3 进 5
6. 炮八进四	卒 1 进 1	7. 炮八平六	……

常见的走法是炮八平七或炮八平三两种变化。而实战中，许国义特级大师则选择一种相对冷僻的走法。平炮到肋线这着变化在 2019 年全国象棋甲级联赛期间颇为流行，较早见于四川赵攀伟与广东张学潮之战中。而且广东黄光颖对这路布局情有独钟，多次在全国赛上应用。

7. ……　　　　卒 7 进 1（图2-15）

黑棋常见的应对方案是炮 8 进 2，以下炮六平三,炮 2 进 2,车二进四,炮 8 平 6,车九平八,车 8 进 5,马三进二,卒 1 进 1,兵九进一,车 1 进 5,车八进四,车 1 平 2,马九进八,炮 6 进 2,兑掉双车以后，双方大体均势。临场吕钦特级大师的思路通过兑卒，让红方六路炮暂时失去转移线路,有利于打持久战，也是可行之策。

8. 兵三进一	象 5 进 7
9. 车九平八	车 1 平 2
10. 车八进四	炮 2 平 1
11. 车八平三	……

考虑到车八进五兑车以后，马 3 退 2,

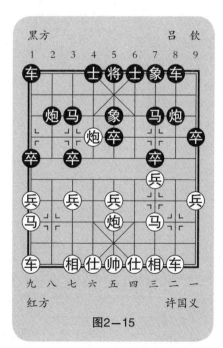

图2-15

车二进四，炮1进4，炮六退一，炮8进2，炮六平九后双方变化相对简单，红方选择一路偏于复杂的变化。

11. ……　　　　象7进5　　　12. 兵七进一　车2进5

黑方抢占骑河线对红车形成牵制，布局至此，黑方已经取得均势局面。

13. 车二进四　马7进6　　　14. 炮六平一　车8平9

平车捉炮意在通过连续捉炮改善黑车的位置。其实此时黑方尚有车2平3兑车的变化。以下车三平七，卒3进1，车二平七，炮8平7，车七平四，炮7进5，车四进一，炮7平1，相七进九，炮1进4，局面平淡。

15. 炮一平四　车9进3　　　16. 炮四进一　炮8平7

17. 车三平四　车9平6

黑方经过连续操作，如愿把局面导向复杂。

18. 炮四平七　炮7平3　　　19. 炮五平四　卒3进1

20. 相三进五　卒3平4

上一着红方不用炮四进三吃马，否则炮3进7打相后，红方左翼空虚，黑方弃子抢攻的计算得以实现。所以红方相三进五冷静的补一着棋。现在轮到黑方进行选择的时候，黑方稳健的走法是车2退1先保一着，以下炮四进一，炮1退1以后再炮1平6，双方仍是纠缠局面。实战中卒3平4弃子求战的选择，顿时让红方放开束缚。

21. 炮四进三　车2退1

22. 炮四进四　……

红方炮打底士，弃还一子，反而让黑方非常难受。

22. ……　　　　车6退3

23. 车四进五　将5平6

24. 车二进五　将6进1

25. 车二平六　……

至此，红方等用以放黑方一卒过河为代价，换得双士，这样的结果显然是红方得大于失。

25. ……　　　　炮1进4（图2-16）

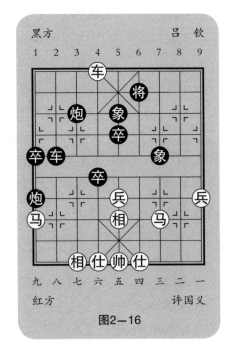

图2-16

红方既然不吃卒，不如卒4平3让开，对红方底相仍有些许牵制，可能会比实战要顽强一些。试演一例：卒4平3，车六退三，炮3退2，仕六进五，炮1进4，马三进二，将6平5，马二进一，车2平6，兵一进一，炮3平9黑方尚可周旋。

26. 车六退五　车2进2　　　27. 车六平五　炮3进5

28. 马三进二　炮1平5　　　29. 仕四进五　炮5平8

黑方虽然连续谋兵，但是后防空虚，局势仍然对黑方不利。

30. 车五平七　炮3平2　　　31. 马二进一　将6平5

32. 马一进三　将5退1　　　33. 车七平二　将5平4

34. 马三退五　象7退9　　　35. 马五进七　将4平5

36. 车二进四　……

进车准备车二平五再车五退一，继续削弱黑方防守力量。

36. ……　　　将5平6　　　37. 车二进一　象5退7

38. 车二退四　车2退4　　　39. 马七退五　车2平5

40. 马五退六　炮8平5　　　41. 车二平四　……

借打将先手护住肋线，黑方败势已呈。

41. ……　　　将6平5　　　42. 车四平九　车5进3

43. 马六退七　炮2退5　　　44. 车九进四　将5进1

45. 车九退六　炮2平5　　　46. 马七进八　……

巧着，黑方不能车5平2吃马，否则红方有车九进五将军抽吃黑车的手段。

46. ……　　　将5平6　　　47. 马八进六　车5退1

48. 车九平六　……

护住肋马，下着准备马九进八，大军压境。

48. ……　　　前炮退1　　　49. 车六平四　将6平5

50. 马九进七　前炮平8　　　51. 帅五平四　炮8退1

52. 车四进五　将5退1　　　53. 马六进五　车5退2

54. 马七进六

伏有车四进一再马六进四的手段，黑方认负。

第9局　广东 李禹　先负　杭州 王天一
进马对挺卒局

1. 马八进七　　卒3进1
2. 炮八平九　　马2进3
3. 车九平八　　……

面对等级分排名第一的王天一特级大师，李禹选择避开流行布局，先手形成右三步虎的阵式。

3. ……　　　　车1平2
4. 兵三进一　　炮2进4
5. 马二进三　　马8进9
6. 炮二平一　　炮8平7（图2-17）

平炮好棋，意在保持阵形的灵活度。如先走炮8进4，则车一平二，车9平8，炮一进四，炮8平3，车二进九，马9退8，相七进五，马8进7，炮一退一，黑方封锁红方右翼，但是红方右翼马炮灵活，双方互有顾忌。

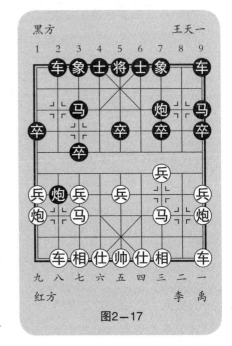

图2-17

7. 车一平二　　炮7进3　　8. 马三进四　　卒7进1

黑方右车晚出，但是谋得一兵，局势有补偿。

9. 相七进五　　炮7进1　　10. 兵七进一　　卒7进1

进7卒对红方形成一个小小的考验，如卒3进1，相五进七，车9平8，车二进九，马9退8，马四进二，炮7平8，车八进一，红方子力要更灵活一些。

11. 车二进七　　象3进5　　12. 兵七进一　　……

只能弃马冲兵，局面导向相对激烈的变化，这也是第10回合黑卒7进1的用意。

12. ……　　　　卒7平6　　13. 兵七进一　　马3退1

14. 炮一平二　　……

平炮封车稍显示弱，可以考虑车二平四把黑过河卒吃掉。

14. ……　　　车 9 进 1

15. 炮九进四　卒 5 进 1

16. 炮九平一　车 9 平 7

红车封车愿望落空，黑车曲径通幽从 7 路车亮出，防守的压力顿增。

17. 炮一平五　……（图2—18）

平中炮被黑方利用，可以考虑仕六进五先补一着，以下士 4 进 5，马七进六，车 7 进 2，炮二进四，车 7 进 1，炮二退四，炮 2 进 2，车二退三，卒 6 进 1，兵五进一，卒 5 进 1，车二平五，红方尚可周旋。

17. ……　　　士 4 进 5

18. 炮二平一　车 7 进 2

19. 马七进六　卒 5 进 1

冲卒巧手，红方忽略的手段。

20. 炮一平三　炮 7 进 3	21. 相五退三　卒 5 平 4
22. 炮三进七　车 7 退 3	23. 车二平一　车 7 进 6
24. 车一平五　车 7 平 5	25. 仕六进五　将 5 平 4

通过子力交换，黑方牵制红方车炮，双卒过河，红方败势。

26. 车八平六　车 2 进 5

黑方伏有炮 2 进 3 叫将手段，红方如续走车六平八，车 5 退 2 再车 5 平 3 逼走红七路兵后，黑马又跃出来，红方几近无棋可走，投子认负。

第10局　浙江 赵鑫鑫 先胜　河南 杨铭
仙人指路对卒底炮

1. 兵七进一　炮 2 平 3　　2. 马二进三　马 2 进 1

进边马是稳健的下法。目的活通右车，局势平稳。如改走卒 3 进 1，则炮八平五，卒 3 进 1 去兵，马八进九，马 8 进 7，炮二进二，这样，局势比较紧张，黑方虽然有卒过河，但还是红方先手。

第二部分　快棋赛

079

3. 马八进七　　车1平2

4. 马七进六　……

跃马轻快,避开黑方炮2平3的牵制。

4. ……　　　炮8平5

架中炮是近期流行的变化。以往多走马8进7,炮八平五,象7进5,炮二平一,车2进4,马六进五,马7进5,炮五进四,士6进5,车一平二,车9平6,相七进五,双方严阵以待,各有千秋。

5. 炮八平五　　马8进7

6. 马六进五　……（图2—19）

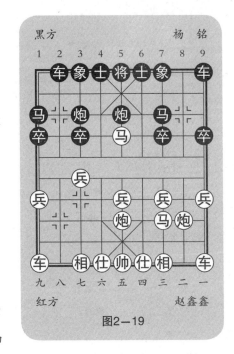

图2—19

强行打开中路,简明。如车一平二,车9平8,炮二进四,卒7进1,红方河口马位置显得尴尬,没有发展出路,还要马六进五交换。

6. ……　　　马7进5　　　7. 炮五进四　　士4进5

8. 车九进二　　车9平8　　　9. 车一平二　……

先出右车简明,避开了诸多纷扰。如车九平六,则卒7进1,车一进一,车8进3,炮五退二,炮5进1,炮二退一,象3进5,炮二平七,车2进6,红方攻势被黑方从容化解,失去先机。

9. ……　　　车8进4　　　10. 仕四进五　卒3进1

11. 炮二平一　车8进5　　　12. 马三退二　卒3进1

13. 相三进五　马1进3

上一着红方飞右相稍亏,不如相七进五;黑方此时也没有抓住红方棋形上的弱点,改走车2进8以后伏有车2平4的攻击手段,要比实战的着法更积极一些。

14. 马二进四　马3进4　　　15. 炮五退二　卒3进1

16. 车九平六　马4进2　　　17. 车六进四　炮3进2

高车以后,黑方空有卧槽马但没有子力配合,被红方中炮和六路车把黑方子力切割在右翼。此时,黑方无论如何也要走车2进4把底车抬起来,以便左右两翼进行策应。以下红方如续走炮一退一,则卒3平4,帅五平四,炮3平1,炮一进五,车2平9,车六平八,马2退3,双方仍是相持的局面。

18. 马四进二　　车2进4

19. 炮一退一　　炮3平9

20. 炮一平三　　炮9平7

21. 炮三平二　　炮7平8

22. 炮二平三　　炮8平7

23. 炮三平四　　车2平5（图2-20）

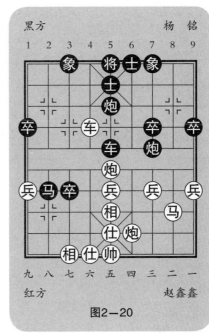

图2-20

当前局面看似双方都没有好的进攻手段，又似乎都有进攻的机会，但是仔细分析下来，红方子力占位好，黑方子力分散，红方肯定是占优的一方。那么，黑方如何失先的呢？就在于黑方这几着看似不错的兑炮，硬生生把红炮逼兑到通路上来，黑方在第19回合时，应炮3平5兑炮解除红方对中路控制，以下炮一平三，后炮进3，兵五进一，炮5平7，炮三平四，象3进5，黑方阵形厚实，足可抗衡。

24. 马二进四　　车5平3　　　25. 车六平三　　炮7平6

26. 炮四平二　　炮6退2　　　27. 炮五平三　　……

红方连续运子，终于打到突破口，黑棋已是防不胜防，以下几个回合，红方连消带打，迅速入局。

27. ……　　　　将5平4　　　28. 炮三进五　　将4进1

29. 马四进三　　炮6进6　　　30. 车三平六　　士5进4

31. 车六平八　　马2进3　　　32. 帅五平四　　士4退5

33. 炮三退一　　炮6退7　　　34. 车八平六

黑方必失一子，投子认负。

第11局　成都　许文章　先负　成都　郑惟桐

对兵局

1. 兵七进一　　卒7进1　　　2. 马二进一　　马8进7

3. 炮二平三　　马7进8　　　4. 马八进七　　车9进1

5. 车一进一 ……（图2-21）

开局未几双方互相配合形成脱谱的散手布局。红方高车是针锋相对的选择，待机与黑方9路横车分占肋线。除此之外，红方也有炮八平九的走法，以下卒3进1，兵七进一，象3进5，车九平八，马2进4，车一进一，车1平3，车八进五，车3进4，车八平七，象5进3，车一平六，象3退5，双方对峙。

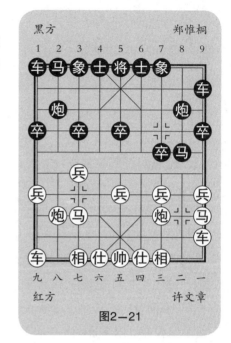

图2-21

5. …… 　　象3进5

6. 相七进五 ……

这两着棋是配合双方横车的必要调形。

6. …… 　　马2进3

7. 车一平六 　卒9进1

黑方中翼子力暂时不出。先进边卒准备从边路形成一个突破点，思路灵活多变。

8. 仕六进五 ……

补仕定型过早。可以考虑先走炮三平四，马8进9，车四平二，炮8平9，车六进五，红方棋形更有活力。

8. …… 　　马8进9　　9. 炮三平四 　马9退8

10. 车六进三 ……

高车巡河准备兑三兵为一路边马找到出路。

10. …… 　　卒9进1　　11. 兵三进一 　卒7进1

12. 车六平三 　卒9进1　　13. 马一退三 　车1进1

14. 车九平六 　车1平4　　15. 炮八进三 ……

进马稍急，不如马三进四先把弱点安定下来。

15. …… 　　车4进8　　16. 仕五退六 　车9平6

17. 仕六进五 　车6进3　　18. 炮八退二 　士4进5

19. 炮八平七 ……

红炮四处出击，却是屡次碰壁，无"攻"而返。平炮作用不大，不如借炮力走马三进四再马四进二，阵形舒展。

19. ……　　　　炮 2 进 4

20. 炮七进三　车 6 平 2

21. 炮四进一　炮 2 进 1

22. 炮四退一　炮 2 平 1

与第 19 回合相比较，黑方成功把车、炮调动到红方防守薄弱的左翼，红方仅是动了一炮谋卒，优劣立现。

23. 兵七进一　……（图2-22）

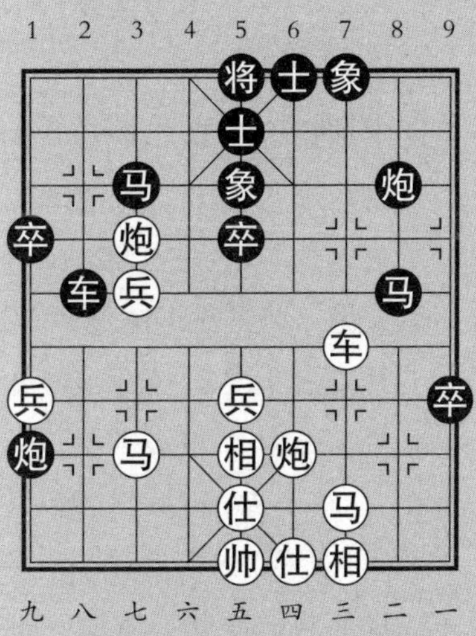

败着。红方应该迅速组织防守，走相五退七为宜，以下炮 1 进 2，则仕五退六，马 3 退 2，炮七平六，卒 9 平 8，仕四进五，红方足可抗衡。

黑方　　　　　　郑惟桐

红方　　　　　　许文章

图2-22

23. ……　　　　车 2 平 3

24. 马七进八　炮 1 进 2

25. 帅五平六　炮 8 平 6

26. 车三平六　马 8 进 7

27. 车六平三　马 7 进 6

进马是一步绝佳的好棋，红方防守阵形被撕开，伏有车 3 进 5，帅六进一，车 3 退 3，相三进一，车 3 平 1，马八退七，车 1 平 4，仕五进六，车 4 平 3，黑方大优。

28. 车三平六　炮 6 平 7　　29. 马三进四　炮 7 进 4

30. 兵五进一　炮 7 退 1

红方失子，投子认负。

第 12 局　北京 蒋川　先胜　成都 赵攀伟
飞相对右士角炮

1. 相三进五　炮 2 平 4

先手飞相是一种全面较量实力的开局，黑方应以士角炮，是伺机而动的稳健应法，其攻防得失甚是微妙。

2. 兵七进一　……

进七兵意在迫使黑方右马屯边，以削弱其中路防务。

2. ……　　　　　马2进1　　　　3. 马八进七　　车1平2

4. 车九平八　　炮8平5

还中炮强硬的走法，充分体现中赵攀伟喜攻好杀的棋风。

5. 炮八进四　　马8进7　　　　6. 马二进一　　马1退3

7. 炮八进二　　炮5退1

黑方另一路常见走法是卒7进1，车一平二，马7进6，炮二平三，马6进5，马七进五，炮5进4，仕六进五，车9进1，车二进六，红方稍好。

8. 炮二进六　　车9平8　　　　9. 车一平二　　炮4进5

10. 炮二平三　　……（图2-23）

平炮迫使黑方主动兑车，有意保留变化。如炮三平七则双方将会大量的兑子，局面将会简化。试演一例：炮二平七，炮4平9，车二进九，马7退8，炮八平五，车2进9，马七退八，士4进5，兵三进一，红方稍好，不过局面过于平淡，易于成和。

10. ……　　　　　车8进9　　11. 马一退二　　炮5进5

12. 仕四进五　　马3进5　　　13. 炮三平二　　炮5退1

退炮避开红方帅五平四的先手，正着。

14. 兵三进一　　卒5进1

15. 炮八平五　　……

平炮兑车给黑方造成一定的心理压力。稳健走法可以马七进六进行纠缠，以下炮4退1，炮二退一，双方互缠。

15. ……　　　　　车2进9

16. 炮五退三　　士4进5

17. 马七退八　　将5平4

18. 马八进七　　炮4退3

19. 炮二退五　　马7进5

黑方进马这着棋稍亏，让红方先打将跃马连续抢先。可以考虑炮4进2先拦一着，马二进三，炮4平3，先限制红方反击速度更为稳健。

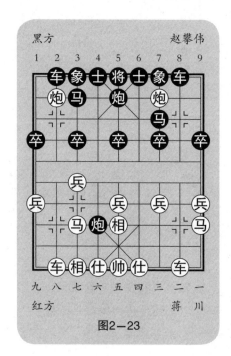

图2-23

20. 炮二平六　　将4平5　　21. 马二进三　　卒7进1

22. 马三进四　　前马退3

不能卒7进1，否则炮五进二，象7进5，马四进五，红方得子。

23. 炮六平三　　象7进9　　24. 兵三进一　　炮4平7

25. 马七进六　　……

红方借助黑方一着失误，步步为营，优势进一步扩大。

25. ……　　　　卒3进1　　26. 兵七进一　　炮7平3

27. 马四进三　　象9进7　　28. 马三进二　　炮3平4

29. 马二退一　　……

先谋一卒，积累物质优势，为后续到来的残局阶段做准备。

29. ……　　　　马3进5　　30. 马一进三　　后马进3（图2-24）

如前马退7，则炮三进四，将5平4，马六进八，马5进3，炮三进二，将4进1，炮五进一，黑方还要亏一些。

31. 炮三平二　　象7退9　　32. 马三退五　　炮5退2

33. 马六退四　　马3进5　　34. 马四进五　　卒1进1

形成马炮双兵对双炮卒残局，红方的一路兵责任重大，成为决定双方胜、和的关键。

35. 马五进三　　象9退7

36. 马三退四　　炮4平6

37. 炮二平八　　炮5平1

38. 炮八进六　　象3进1

39. 马四进六　　炮1进3

40. 马六进八　　炮6退3

41. 兵一进一　　炮1平4

42. 兵一进一　　炮4退4

43. 兵一平二　　……

如果这是一盘慢棋，黑方守和并不难。但是紧张的快棋赛场，什么情况都能发生，红方把希望放在兵运动上，兵冲到位置后，利用黑方时间紧张、局面紧张的双重压力，谋得胜利。

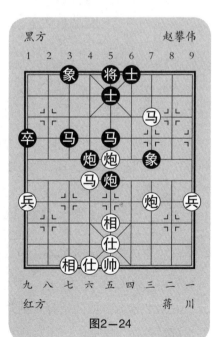

图2-24

43. ……	卒 1 进 1	44. 兵二进一	卒 1 进 1
45. 兵二平三	炮 6 平 9	46. 兵三平四	炮 4 平 8
47. 马八退七	卒 1 平 2	48. 马七进九	卒 2 平 3
49. 马九进八	将 5 平 4	50. 马八退六	炮 8 平 4
51. 炮八退五	卒 3 平 4	52. 炮八平二	炮 9 平 8
53. 马六进八	炮 4 平 3	54. 兵四平五	炮 8 进 1
55. 马八退九	象 1 退 3		

以上一段着法，黑方防守得严密，红方也是没有找到取胜的办法。

56. 马九退七	象 3 进 5	57. 马七进八	炮 3 平 2
58. 马八退六	将 4 平 5	59. 炮二平九	炮 2 平 1
60. 炮九平一	炮 8 平 9	61. 马六进四	炮 1 退 1
62. 马四退二	炮 9 进 1	63. 马二进三	炮 9 进 1
64. 炮一平二	炮 1 进 1	65. 马三退四	炮 9 平 8
66. 马四进二	象 5 进 7	67. 兵五平六	炮 1 退 1

简明走法是炮 1 平 8 挤住红马。

68. 相五进三	将 5 平 4	69. 炮二退二	炮 8 平 9
70. 炮二平三	炮 9 退 1	71. 马二退四	象 7 退 5
72. 马四退六	炮 9 进 1	73. 马六进八	将 4 平 5
74. 马八进九	炮 9 退 3	75. 兵六平五	炮 9 平 7
76. 相三退五	象 5 进 7		

忙中出错，应走炮 1 平 2，红方仍没有取胜的办法。

77. 马九进七

黑方眼见失子，投子认负。本局黑方防守非常有耐心，只是最后一刻走出漏着，非常可惜。这盘棋蒋川获胜以后，为最终夺冠打下坚实的基础。

 第13局　浙江　王宇航　先负　浙江　赵鑫鑫
仙人指路对卒底炮

| 1. 兵七进一 | 炮 2 平 3 | 2. 相七进五 | …… |

飞相是较为稳健的选择，但攻击力有嫌不足，一般多走炮二平五或炮八平五，对黑方较有威胁。

2. ……   马2进1

立即跳马屯边，尽快亮出右车，反应迅速，符合逻辑。

3. 兵三进一   车1平2

4. 炮二平四   炮8平5

5. 马二进三   马8进7

6. 马三进四   ……

红方右马跃至河口，是炮二平四的后续手段。

6. ……   车9平8

先出车稳健的下法，有静观其变之意。如炮5进4，仕六进五，车9平8，马四进六，炮5退2，马六进七，车2进2，红方有可能马七进六弃马吃士，这样局面可能会存在复杂的变化。

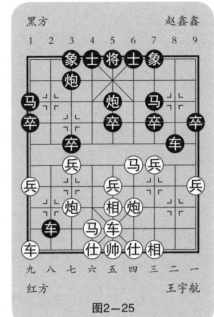

黑方   赵鑫鑫

红方   王宇航

图2—25

7. 马八进六   车8进4   8. 炮八平七   卒3进1

9. 车一进一   ……

兵七进一的计划并不可取，以下炮3进5，炮四平七，车8平3，车九平七，车3平6，以后再马1进3，红方子被逼退；黑方子力活跃，稳持先手。

9. ……   车2进8   10. 车一平五   炮3退1（图2-25）

退炮生根，构思精巧。伏有卒3进1，炮七进六，马1退3，相五进七，马3进4先手捉相，然后黑方以4路马为炮架展开攻击，红方如续走相七退五，车2平3，车九平八，炮5平4，炮四退一，车8平2，红方子力受困，黑方大优。

11. 车九平七   士4进5   12. 兵九进一   卒7进1

13. 兵七进一   卒7进1   14. 马四退六   炮3平4

15. 前马退八   ……

虽然把黑方2路车困住，但是红方棋形太过委屈。

15. ……   车8平3   16. 马八进七   车3平4

17. 马六进八   车2退1

黑方2路车没有好的落点，既然如此，先弃后取是非常理想的选择。

18. 马七退八   炮5进4   19. 马八进七   车4进1

20. 炮七平八　　马 7 进 6

21. 车七进三　　……（图2－26）

进车看炮，意在让黑炮主动换车，消除弱点。但是这个构思又造成底线受攻。

21. ……　　　　士 5 进 4

22. 炮八平六　　卒 7 进 1

23. 马七进八　　卒 7 进 1

24. 车七平五　　马 6 进 5

25. 车五平七　　卒 7 平 6

26. 仕四进五　　卒 6 平 5

27. 相三进五　　车 4 退 2

28. 车七进八　　……

失子以后，红方再想进攻为时已晚。

2021 全国象棋个人赛精彩对局解析

黑方　　　　　　　　　赵鑫鑫

图2－26

红方　　　　　　　　　王宇航

28. ……　　　　将 5 进 1

29. 马八进九　　车 4 平 3

30. 车七平四　　炮 4 进 6　　31. 马九进七　　将 5 平 4

32. 仕五进六　　士 4 退 5　　33. 车四平三　　马 5 退 6

红方车马攻击力不足，黑马以退为进，重新构思进攻线路。

34. 马七退八　　车 3 退 1　　35. 马八进九　　马 6 进 4

36. 相五退三　　马 4 进 2

红方投子认负。

第14局　杭州 王天一　先胜　广东 许国义

飞相对左中炮

1. 相三进五　　炮 8 平 5

黑方还以左中炮。这是一种以攻为守的后手应局，战略上属于积极反攻型。

2. 马八进七　　马 8 进 7　　3. 炮二平三　　……

平炮准备炮三进四再跳正马。如先走马二进三，则车 9 平 8，车一平二或炮二平一，黑方都可从容卒 7 进 1，红方三路马受制。

3. ……　　　　车 9 平 8　　4. 炮三进四　　车 8 进 8

许国义特级大师在这里改变一个布局次序，先走进车压马，意在考量王天一特级大师的布局准备深度。

　　5. 仕四进五　……

补仕还原成正常布局局面，正确。如炮三进三打象则有违棋理。以下士6进5，炮三平一，马2进1，仕四进五，炮2平4，红方孤炮作用不大，黑方借机活跃子力，反先。

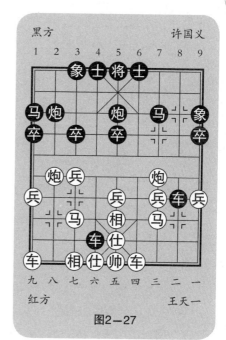

图2—27

　　5. ……　　　　　　象7进9

　　6. 兵七进一　　　　马2进1

　　7. 炮八退一　　　　车8退5

　　8. 炮三退二　　　　车1进1

　　9. 马二进三　　　　车1平4

　　10. 车一平四　　　　车4进7

　　11. 炮八进三　　　　……

双方几经周折还原成常见的谱着。

　　11. ……　　　　　　车8进3（图2-27）

这是积极的一步选择。如炮2平3，则车九平八，卒3进1，炮八进三，卒3进1，炮八平五，象3进5，车八进七，马1退2，车八进二，卒3进1（如炮3进5，车八退二，士4进5，车八平五，车4退6，车五平六，士5进4，车四进七，马7进8，车四平六，红方大优），马七退九，红方多子，黑方占势，综合判断，红方稍优。

　　12. 车四进三　　炮2平3　　　　13. 车九平八　　马7进8

　　14. 马七进六　　车8平7

兑车主动解开拴牵有帮忙的嫌疑。不如卒3进1，相七进九，士6进5，马六进四，卒3进1，炮八进四，炮3进1，保持纠缠为宜。

　　15. 车四平三　　马8进7　　　　16. 车八进二　　卒3进1

　　17. 相七进九　　卒3进1　　　　18. 相九进七　　炮3退1

　　19. 马六进四　　炮3平7

当前黑车位置低，应当先走车4退4，马四退三，炮3平7，炮八进三，炮

7进5,车八进四,车4平7,黑方局势尚可。

20. 炮八进三　　车4退6

21. 炮八平五　　象3进5

22. 车八进四　　……

双方子力交换以后,红方进车准备打通卒林线。

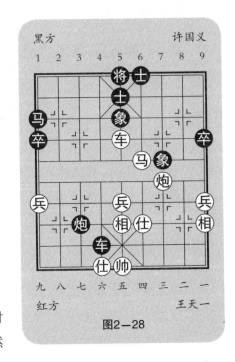

黑方　　　　　　　　　　许国义

图2—28

22. ……　　　　马7进9

23. 相五退三　　炮7进6

24. 相三进一　　炮7平3

25. 相七退五　　象9进7

26. 车八平五　　车4进6

27. 仕五进四　　士4进5（图2—28）

现在黑方车炮所在位置欠佳,无法对红方展开攻击。黑方补士求稳,也是自然着法。如炮3进2,则仕六进五,炮3平1,车五平一,车4退4,马四进三,士4进5,帅五平四,车4进5,帅四进一,车4退3,车一平五,红方大优。

28. 仕六进五　　炮3平1　　29. 炮三平二　　象5退7

30. 车五平三　　象7退9　　31. 车三平八　　车4退4

32. 马四进六　　卒1进1　　33. 兵五进一　　炮1进2

34. 仕五退四　　将5平4　　35. 炮二进五　　将4进1

36. 车八平九　　……

既捉黑马,又为六路马留出线路。

36. ……　　　　马1退2　　37. 炮二退一　　将4进1

38. 车九平八　　马2进3　　39. 车八进一　　车4平3

40. 马六退八

黑方失子认负。

第15局　浙江 黄竹风　先负　广东 张学潮

进马对挺卒局

1. 马八进七　卒3进1

挺卒制马，抑彼利己，效力双层，是后手方采用最多的应着。

2. 兵三进一　……

进三兵，为右马正起开道，继而布成屏风马阵势，这是先手方多见的下法。

2. ……　　　　马2进3

3. 马二进三　象7进5

4. 炮二平一　马8进7

5. 车一平二　车9平8

6. 车九进一　……（图2-29）

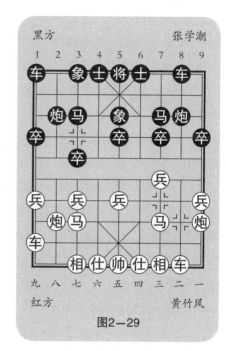

图2-29

高左车保持两翼子力均衡出动,稳健。如车二进六，则炮8平9，车二进三，马7退8，车九进一，马8进7，相七进五，卒7进1，兵三进一，象5进7，炮八进四，黑方稍亏，但是随着后续着法的演进，黑方阵形厚实，双方易拖入阵地战中。

6. ……　　　　炮8进4　　　7. 相七进五　车1进1

8. 兵七进一　……

先兑七兵后，高相以后还要调整，红方布局稍亏一些。不如车九平六先占肋线，以后车1平8，马三进四，炮8平3，车二进八，车8进1，马四进三，红方稍好。

8. ……　　　　卒3进1　　　9. 相五进七　炮8平7

10. 相七退五　车8进9　　　11. 马三退二　车1平8

12. 马二进三　车8进3

布局至此，黑方子力要更灵活一些，黑方反先。

13. 兵一进一　……

红方进兵可以是考虑以后方卒7进1兑卒后，兵三进一，车8平7，马三进一再马一进三，为三路马留出位置。但是这个构思相对迂回，不如直接兵五进一更简明。

13. …… 　　　马3进4

14. 兵五进一 　马4进3

15. 马三进五 　马3退5

16. 炮八平九 　马5退3

白赚一个中兵，黑方显然在这轮碰撞中占得便宜。

17. 车九平六 　卒5进1

18. 马五进七 　卒5进1

19. 仕六进五 　炮7进1（图2—30）

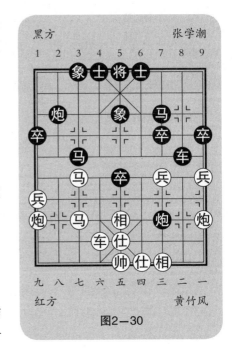

图2—30

进炮交换，意在打破红方中路子力结构，为后续中路进攻做准备。此时，黑方作战思想就是依托中卒和盘头马获得中路火力集中。

20. 马七进八 　炮7平1　　21. 炮一平九 　马7进5

22. 马八进九 　卒5平4　　23. 马九退七 　象5进3

24. 车六平八 　炮2平5

黑方子力调运已经完成。

25. 车八进五 　马5进6　　26. 马七退八 　车8进2

准备车8平1捉红炮，迫使红炮被动调整。

27. 炮九退二 　车8平3　　28. 炮九平六 　车3进1

29. 马八进九 　马6进4

黑方利用捉、杀威胁连续消灭红方防守阵形，为后续攻势展开做准备。

30. 车八平五 　马4进3　　31. 炮六进一 　象3退1

32. 车五退三 　车3平2　　33. 车五进三 　卒4进1

34. 车五平八 　车2平1　　35. 车八退六 　卒4进1

红炮被捉死，黑方认负。

第16局 青岛 张兰天 先负 广东 吕钦

五六炮对反宫马

1. 炮二平五　马2进3　　2. 马二进三　炮8平6

3. 车一平二　马8进7　　4. 炮八平六　卒7进1

至此，形成五六炮对反宫马的布局阵势。黑方此着抢挺7卒，以便把棋局引入己方所熟悉的局面当中，一般多走车1平2，马八进七，炮2平1，兵七进一，卒7进1，对抗之势。

5. 马八进七　卒3进1　　6. 车九平八　车1平2

7. 车八进四　……

左车巡河是常见的选择，如车二进四，则象7进5，兵七进一，卒3进1，车二平七，马7进6，以后车9平7出车，黑方满意。

7. ……　　　象7进5　　8. 兵七进一　卒3进1

9. 车八平七　马7进6

左马盘河是黑方反宫马最舒服的位置，利用6路炮的支援，双马形成马炮的最佳结构。

10. 车二进六　士6进5

11. 马七进六　……（图2-31）

兑马准备破坏黑方的棋形。如车二平四，则马6进7，炮五平四，马3进4，车四平五，炮2平4，炮六进五，炮6平4，车五退一，车9平6，仕四进五，车2进4，相三进五，卒1进1，双方对峙。

11. ……　　　炮2进1

先进炮打车是正确的行棋次序。如马6进4，车七平六交换后，黑方再炮2进1打车，则车二进一，车9平6，车六平八，炮6进2，炮六进六，炮2退1，黑方受困，红方稍优。

12. 车二退二　……

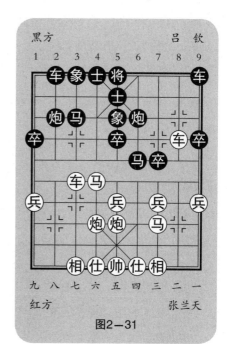

图2-31

如仍走车二进一，则马6进4，车七平六，车9平6，仕四进五，炮2进3，黑方满意。

12. ……　　　　炮2进2　　　13. 马六进四　……

一车双换后，红方稍亏。

13. ……　　　　炮2平8　　　14. 车七平二　炮6进1

15. 车二平七　马3进4　　　16. 车七平六　马4退3

17. 车六平七　马3进4　　　18. 车七平六　……

可以考虑炮五进四对黑方形成一定的牵制。以下马4进6，马四进六，炮6平4，车七平四，车9平8，兵三进一，红方可以简化局面，谋和机会很多。

18. ……　　　　马4退3　　　19. 马四进六　车2进1

守住红方卧槽马的进攻，保留复杂变化的机会，黑方用心良苦。

20. 炮六平七　炮6平4　　　21. 车六进二　马3进2

扑住红车不能回防弱点，黑方运马如龙，迅速扩大先手。

22. 车六平七　马2进4　　　23. 车七退二　马4进6

24. 仕六进五　车2进8　　　25. 炮七平九　车2退6

更严厉的手段是车9平6，以下炮九平六，车6进4，炮五进四，马6进7，帅五平六，象3进1，相三进五，车6平5，车七平五，车5进1，兵五进一，车2退3以后车2平7，黑方有攻势。

26. 炮五平四　车2进3

27. 车七平四　车2平5

28. 炮九进四　……（图2-32）

红方对黑方攻势准备不足，炮打边卒后使原来防守薄弱的后方又削弱了。黑方平车捉炮先手为中车留出空间，下一步车9平6兑车巧手，逼红方占据防守要点肋线离线，至此，黑方已经胜势。

28. ……　　　　车5平1

29. 炮九平八　车9平6

30. 车四平二　马6退5

31. 相三进五　车1平7

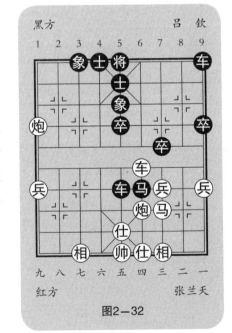

图2-32

 2021全国象棋个人赛精彩对局解析

32. 马三退一　马5进4　　33. 马一退三　马4进3

34. 帅五平六　车7平4　　35. 仕五进六　车6进7

红方认负。

第17局　广东 张学潮　先负　成都 郑惟桐
仙人指路对进马局

1. 兵七进一　马8进7　　2. 兵三进一　……

红方再挺三兵形成颇具活力的两头蛇阵势，序盘的基调。

2. ……　　　象3进5

对红方两头蛇的布局，黑方飞象，准备采取"拐角马"的阵势，是一种柔中带刚的布局选择。

3. 炮二平五　……

再平中炮从布局策略上看，与两头蛇阵形稍有不协调。不如进马（左正马或右正马），或者相七进五飞相加强联络，更好。

3. ……　　　车9平8　　4. 马二进三　炮8平9

5. 马八进九　……

跳边马另辟蹊径，但从阵形结构上来看，无疑与兵七进一这着棋缺少配合。试演一例：马八进七，卒3进1，兵七进一，车8进4，马七进六，炮2平4，马六退八，红方稍好。

5. ……　　　卒3进1

6. 兵七进一　车8进4

7. 兵七进一　卒7进1（图2-33）

正着。如车8平3，则兵七平六，马2进3，车一平二，卒7进1，兵三进一，象5进7，炮八退一，这样红方边马可以发挥作用，以后炮八平七，红方满意。

8. 兵三进一　车8平7

9. 炮八平六　马7进6

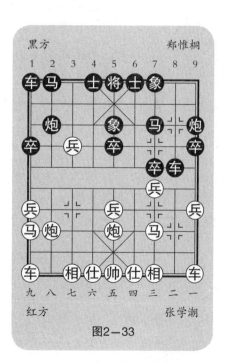

图2-33

10. 车一平二　马2进4　　11. 兵七平八　炮2退1

退炮不让红方抢到车九平八的机会。

12. 马三进四　车7进1　　13. 马四退六　马4进6

14. 炮五进四　炮2平5　　15. 炮五进二　士4进5

红兵一子多动，影响子左翼子力开始，黑方已经取得反先之势。

16. 相七进五　车7进1　　17. 仕六进五　车7平5

18. 马九退七　车1平3　　19. 炮六退二　炮9进4

红方虽然子力互保，但是黑方炮打边兵以后，又面临再度被攻的不利局面，黑方步步紧逼，紧凑有力。

20. 炮六平七　车3平4　　21. 马六退八　……

防止黑方车4进8的手段。如误走马六进六，则后马进7，马七进九，车4进8，红方受制。

21. ……　　　　　后马进7　　22. 马八进七　车5平8

23. 车二平一　……（图2-34）

逼红车至边路，好棋。红方此时最为难受的是不能车二进三兑车，否则马7进8，仕五进六，炮9进3，帅五平六，马6进7，车九平八，马7进6，帅六进一，炮9退1，仕四进五，马6退5，黑方有得子的机会。

23. ……　　　　　马6进4

24. 仕五进四　马4进6

25. 仕四进五　车4进8

26. 后马进九　马7进5

27. 车九平八　马6退4

28. 车八进二　……

黑方　　　　　　　郑惟桐

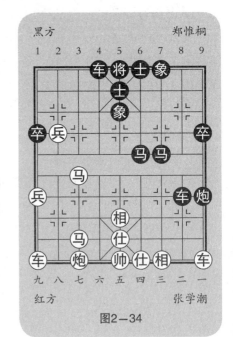

红车离开底线，被黑方车8平3抢先，红棋立溃。但是如改走车一进二，则炮9退2，车八进五，马5进6，仕五进四，车8平4，仕四退五，马4进6，黑方也难应付。

28. ……　　　　　车8平3

29. 车八退二　马5进6

30. 仕五进四　炮9平5

31. 帅五平四　车4进1

红方　　　　　　　张学潮

图2-34

32. 帅四进一　　马4进5

红方认负。

第18局　成都 郑惟桐　先胜　浙江 赵鑫鑫
五七炮进三兵对屏风马

1. 炮二平五　　马8进7　　2. 马二进三　　车9平8

3. 车一平二　　马2进3　　4. 兵三进一　　卒3进1

5. 马八进九　　卒1进1

挺边卒制马，准备边线出车。

6. 炮八平七　　马3进2　　7. 车九进一　　马2进1

双方演成五七炮直横车对屏风马3卒阵势，这是徐天红擅长的布局，流行着法是卒1进1或象3进5。马踩边兵，意在打乱红方的子力部署。

8. 炮七退一　　车1进3　　9. 车九平八　　卒1进1（图2-35）

冲边卒保护边马。实战中黑方还有炮2平4的走法，以下车八进二,卒1进1,兵七进一,卒1平2,车八进一,马1退3,仕四进五,象7进5,炮五平七,炮8进4,后炮进三,卒3进1,车八平七,车1进3,双方大体均势。

10. 马三进四　　炮2平5

11. 车二进三　　炮8平9

12. 车二平三　　……

保留变化，准备兵三进一突破。

12. ……　　　　车1平4

13. 车八进二　　车8进4

14. 马四进三　　车8平4

15. 仕四进五　　车4进2

16. 炮七进四　　炮5进4

炮打中兵以后，黑方取得均势局面。但是双方子力互缠必然会带来激烈的变化，胜负得失均在一线之间。

17. 帅五平四　　后车进1

18. 车三平四　　……

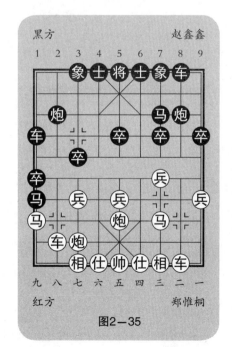

图2-35

平肋车伏有马九退七的先手。

18. ……　　　士4进5

19. 马九退七　前车退1

20. 兵七进一　……

进兵细腻，如车四平五，则前车平7，马三进一，车7进4，帅四进一，车4平6，炮五平四，马7进8，炮七平二，车6平8，黑方易走。

20. ……　　　前车平7

21. 马三进一　车7进4

22. 帅四进一　象7进9

23. 车八平五　车4平8（图2-36）

平车有贪攻忘守之嫌，导致局面失控。此时黑方宜改走车7退1，帅四进一，马1退3，车五进三，将5平4，车五平四，象3进5，相七进九，车4进1，后车平二，车7退5，车四进二，马7进5，相九进七，象5进3，黑方顽强防守，局势尚可。

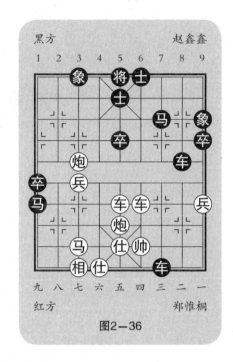

图2-36

24. 车五进三　车7退1　　　25. 帅四进一　车7退1

26. 炮五平三　马7进5　　　27. 帅四退一　马1退3

28. 炮七进一　……

红方少相但取得多子的优势，胜利在望。

28. ……　　　象3进5　　　29. 炮三平五　象9退7

30. 马七进六　马3退5　　　31. 马六进五　车8平5

32. 炮七平一　……

消灭黑方边卒以后，红方积蓄了足够的物质力量。

32. ……　　　马5进7　　　33. 车四进三　车5进2

34. 炮一进三　卒1平2　　　35. 车四退二　卒2进1

36. 兵一进一　卒2平3　　　37. 兵一进一　卒3平4

38. 兵一平二　马7进8　　　39. 车四进二　车5退1

40. 炮一平四　……

一炮换双士后充分发挥车兵的攻击作用，简明有力。

40. ……	士5退6	41. 车四进三	将5进1
42. 车四退六	马8进7	43. 车四平六	马7退9

44. 帅四退一 ……

老练，先把帅走到安全的位置，不给黑方可以利用的机会。

44. ……	马9退8	45. 车六进一	马8进7
46. 帅四平五	车5退1	47. 车六平三	马7退9
48. 车三进四	将5退1	49. 车三进一	将5进1
50. 车三退一	将5退1	51. 车三退一	将5平4
52. 车三退四	马9进8	53. 车三平六	将4平5

54. 车六进二

红方必得一子，胜定，黑方投子认负。

第19局 天津 王昊 先负 浙江 赵鑫鑫
五六炮过河车对屏风马

1. 炮二平五	马8进7	2. 兵三进一	卒3进1
3. 马二进三	马2进3	4. 车一平二	车9平8
5. 马八进九	卒1进1		
6. 车二进六	象3进5		
7. 炮八平六	炮8退1		

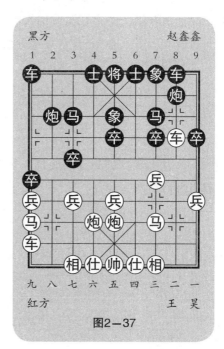

图2—37

双方形成五六炮过河车对屏风马阵形，黑方退炮平左炮右翼是正确的选择。如炮8平9，则车二平三，车8进2，车九平八，车1平2，车八进六，炮9退1，车八平七，车2平3，相三进一，士4进5，马三进四，红方先手。

8. 车九进一 卒1进1（图2—37）

兑卒是炮8退1的后续手段。如车1进3，则车九平四，炮8平3，车二进三，马7退8，车四平八，炮2进2，黑方子力虽然集中，但是不易展开，红方先手。

9. 兵九进一　车1进5　　　10. 车九平四　炮8平3

平炮兑车，形成各攻一翼的局面。

11. 车二进三　马7退8　　　12. 车四平八　炮2进2

此时，黑车骑河控制红方马三进四和炮六平七两条攻击线路，布局满意。

13. 车八平二　马8进9　　　14. 车二进三　士4进5

15. 仕六进五　卒9进1　　　16. 炮六退一　马3进4

17. 仕五进六　马4进3　　　18. 马九进七　炮3进5

19. 炮六退一　……

退炮先守一着，正确。如炮五进四，则车1退2，炮五退二，车1进6，炮六退一，车1平3，破相后黑方优势更大。

19. ……　　　卒5进1　　　20. 车二退三　……

退车准备平肋车，活通子力。

20. ……　　　炮3平2　　　21. 车二平四　车1平7

22. 马三进四　马9进8　　　23. 马四进五　车7平1

平车准备在红方左翼组织攻势。

24. 马五进七　后炮退1　　　25. 炮五进三　后炮平3

26. 车四平八　车1进1

保炮好棋，不给红车开出去的机会。如炮3进6，则炮六进一，炮3退7，车八进二，车1退5，黑车要退守底线，显然红方棋形要舒展很多。

27. 相三进五　卒3进1

缓着，宜走马8进6，马七进九，车1退5，车八进二，车1退1，车八进一，马6退5，车八进二，车1平3，黑方易走。

28. 马七进九　……

这是一步打破封锁的好棋，伏有马九退八再马八进七作杀的手段，黑方不得不进行交换。

28. ……　　　车1退5　　　29. 车八进二　炮3退3

宜走车1退1守住底线更实在。

30. 车八平六　炮3进9　　　31. 相五退七　车1退1

32. 车六进三　马8进9　　　33. 仕四进五　马9退7

34. 兵五进一　……

改走炮五退一更易发挥优势。

34. ……　　　马7退5

35. 兵五进一　卒7进1

36. 帅五平四　卒3进1

37. 炮六平五　车1进4

38. 兵五平六　卒7进1

39. 仕五进四　卒7进1

40. 炮五进五　车1退4

41. 车六平三　……

如车六平八，则卒3平4，车八退三，卒4进1，车八平三，车1平3，帅四进一，车3进9，仕四退五，卒4平5，红方有顾忌。

41. ……　　　卒7平6

42. 仕四退五　车1平4

43. 兵六进一　卒3平4

44. 炮五平二　卒9进1

45. 炮二进四　车4平3　　46. 兵六平七　卒9平8

47. 车三平五　卒8进1　　48. 相七进五　……（图2-38）

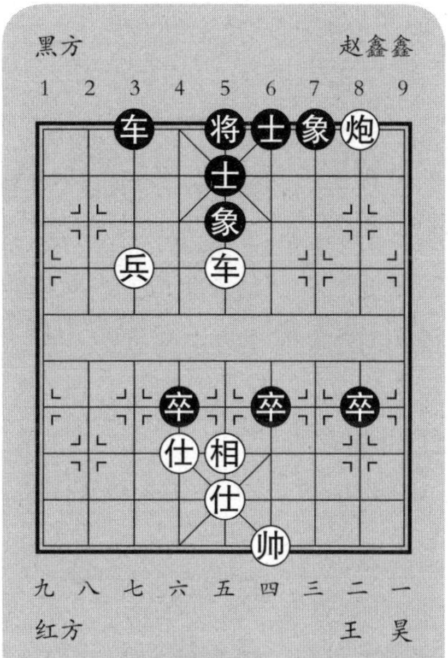

飞相败着。红方防守思路应该车五平六，卒6平5，炮二退三，车3平1，兵七进一，车1平3，车六平七，车3平4，炮二平五，牵制黑方底车，红方仍有谋和机会。

48. ……　　　车3平1　　49. 车五进一　车1进9

50. 帅四进一　车1平7　　51. 车五退三　卒8进1

52. 车五平四　卒8平7

红方认负。

图右：

黑方　　　　　　　　赵鑫鑫

图2-38

九八七六五四三二一

红方　　　　　　　　王昊

第20局　成都 郑惟桐　先胜　浙江 赵鑫鑫
五七炮进三兵对屏风马

1. 炮二平五　马8进7　　2. 马二进三　车9平8

3. 车一平二　马2进3　　4. 兵三进一　卒3进1

5. 马八进九　卒1进1　　6. 炮八平七　马3进2

7. 车九进一　　马2进1

8. 炮七退一　　……（图2-39）

本局是双方加赛的第2局，双方轻车熟路布成五七炮进三兵对屏风马挺3卒的常见局面。红方退炮应对别致，较为常见的是炮七进三，卒1进1，车九平六，车1进4，炮七进一，士6进5，马三进四，车1平3，炮七平九，车3平6，马四进六，红方稍好。

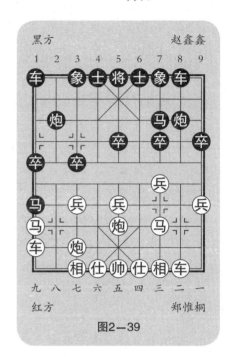

图2-39

8. ……　　　　车1进3

9. 车九平八　　卒1进1

10. 马三进四　　炮2平5

架中炮是比较激烈的选择，黑方还有炮2平4走法，局势较为平稳。试演一例：炮2平4，炮七平三，象7进5，炮三进五，卒5进1，兵三进一，士6进5，车八平三，车1平6，马四退六，炮4进3，车二进三，双方对峙。

11. 车二进三　　炮8平9　　12. 车二平三　　……

平三路车准备强行打开三路线，是郑特大临场祭出的新着。以往多走车二平四，卒5进1，马四退六，象3进1，车八进二，车8进9，炮五进三，士6进5，相七进五，红方略优。

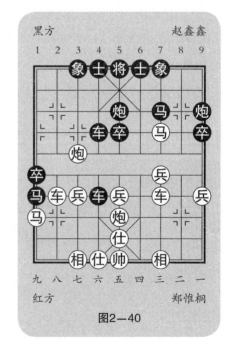

图2-40

12. ……　　　　车1平4

13. 车八进二　　……

先挤住黑马，必走之着，否则黑方马1进3后对红方中路有一定的牵制。

13. ……　　　　车8进4

14. 马四进三　　车8平4

15. 仕四进五　　车4进2

进车有力，意图强行控制中路。

16. 炮七进四　　……（图2-40）

正确，主要作用是以后可以马九退七参与防守。如果红方考虑兵三进一加强进攻，则后车进2，马三进一，象7进9，兵三进一，炮5进4，炮七平六，炮5退1，车三平六，车4进1，兵三进一，车4进2，黑方易走。

16. ……　　　炮5进4　　　17. 帅五平四　后车进1

18. 车三平四　士4进5

补士稳健，如后车平3，则炮五进四，车3退2，炮五退二，车4进3，仕五退六，炮5平2，兵七进一，炮2退5，马九进七，红方利用空头炮的优势，大军压境，黑方受攻。

19. 马九退七　前车退1　　　20. 兵七进一　前车平7

21. 马三进一　车7进4　　　22. 帅四进一　象7进9

23. 车八平五　……

吃掉黑方中炮以后，只须处理好黑方双车马的攻势即可，这对红方来讲难度不大。

23. ……　　　车4平8　　　24. 车五进三　车7退1

25. 帅四进一　车7退1　　　26. 炮五平三　马7进5

双方再换一车，红方多子的优势更加稳固。

27. 帅四退一　马1退3　　　28. 炮七进一　象3进5

29. 炮三平五　象9退7　　　30. 马七进六　马3退5

31. 马六进五　车8平5　　　32. 炮七平一　……

形成车双炮兵单缺相对车马卒士象全残局，黑方只能在下风中周旋。

32. ……　　　马5进7　　　33. 车四进三　车5进2

34. 炮一进三　……

红方沉底炮，欺黑方中路车不能离线。

34. ……　　　卒1平2　　　35. 车四退二　卒2进1

36. 兵一进一　卒2平3　　　37. 兵一进一　卒3平4

38. 兵一平二　马7进8　　　39. 车四退二　车5退1

40. 炮一平四　……

红兵过河后，攻击时机成熟，红方再一炮换双士，入局简明。

40. ……　　　士5退6　　　41. 车四进三　将5进1

42. 车四退六　马8进7　　　43. 车四平六　马7退9

44. 帅四退一　马9退8　　　45. 车六进一　马8进7

46.帅四平五	车5退1	47.车六平三	马7退9
48.车三进四	将5退1	49.车三进一	将5进1
50.车三退一	将5退1	51.车三退一	将5平4
52.车三退四	马9退8	53.车三平六	将4平5

54.车六进二

黑方认负。

第21局　北京 蒋川　先胜　杭州 王天一

五六炮对反宫马

1.炮二平五	马2进3	2.马二进三	炮8平6
3.车一平二	马8进7	4.炮八平六	车1平2
5.马八进七	炮2平1		

黑方平炮亮车对红方左翼有所牵制，是当今最为流行的套路。除此，黑也有车9进1的选择，此变虽可抑制红方兵七进一再马据河头的计划，但红方又可及时亮出左车参战，正所谓利弊参半。

6.兵七进一　……

红方进七路兵，准备跃出左马，是预定的部署。

6.……　　　卒7进1

黑方挺7路卒，先开通左翼马路，静观其变，是对付"五六炮"的常见法。

7.车二进六　士6进5

8.马七进六　……（图2-41）

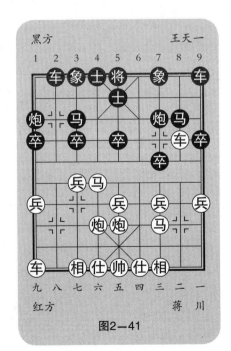

图2-41

五六炮正马对反宫马的布局特点是先手子力发展平衡，右车过河后牵制黑方左马。进左马是红方发展的方向。双方胜负往往取决于中残局的实力。

8.……　　　车2进6

黑车过河以攻代守，战法积极。

9.仕六进五　车2平4

2021 全国象棋个人赛精彩对局解析

10. 马六进七　马7进6

如改走炮1进4，车二平三，车9进2，兵三进一，卒7进1，车三退二，象7进5，马三进四，红方先手。

11. 马七进九　象3进1　　12. 炮五进四　……

红马换掉黑炮虽然行棋步数有所损失，但是以后车九平八后，黑方不至于炮1进4车炮形成封锁，利弊各半。

12. ……　　　炮6平5

利用中炮应将，正着。如马3进5，则车二平五，马6进7，车九平八，以后车八进六，黑卒被横扫，黑方残局不利。

13. 炮五退一　卒7进1

冲卒稍急，不如马6进5更为稳健。以下炮六平七，车4退2，马三进五，车4平5，炮七进五，炮5进4，相七进五，车5平6，双方大体均势。

14. 车二退一　卒7进1

坏棋，黑方虽有一卒过河，但是肋线受制，成为本局中黑方失利的根源。

15. 车二平四　卒7进1　　16. 车九平八　车4退3

17. 车八进七　……

抓住黑方棋形中的弱点，进车捉马，扩先的好棋。

17. ……　　　马3进5

18. 炮五进二　……（图2-42）

应走炮六平五保持变化，以后炮5进2，车四平五，马5退6，车八平四，将5平6，车四平三，车4平6，车三退五，红方大优。

18. ……　　　象7进5

19. 车八平五　象1退3

20. 车五平二　……

继续牵制黑方底车。

20. ……　　　车4进3

21. 车四平五　马5退6

22. 车二平三　卒7平6

23. 车三平四　车9平6

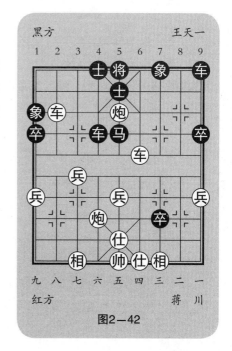

图2-42

24. 车四退五　马6进7　　25. 车四进七　将5平6

26. 车五平三　马7退5　　27. 兵五进一　车4平1

28. 兵五进一　……

红方连冲两着中兵，黑方防守面临巨大的危机。

28. ……　　　　车1平5　　29. 炮六平一　马5进3

30. 车三进四　将6进1　　31. 兵五平四　马3进4

32. 炮一平四　车5平6　　33. 兵四进一　马4退6

34. 车三退四　马6退4　　35. 兵四平五

红方得子，黑认负。

第22局　北京 蒋川　先胜　成都 郑惟桐

中炮过河车对屏风马右横车

1. 炮二平五　马8进7　　2. 马二进三　车9平8

3. 车一平二　马2进3　　4. 马八进九　……

红方左马屯边意在均衡发展子力，也是一种稳健型布局的方法，其特点是根据对方的应手而随机应变地转换成五六炮、五七炮或是五八炮。

4. ……　　　　卒3进1

5. 车二进六　车1进1

6. 炮八平六　马3进2

进外马封车是起横车的后续手段。

7. 炮六进三　马2退3

8. 炮六退三　马3进2

9. 炮六进三　马2退3

10. 炮六退三　马3进2

11. 炮六进三　马2退3

12. 炮六退三　马3进2

13. 炮六进三　马2退3（图2—43）

黑方如改走卒3进1强行求变，红方兵七进一，车1平3，兵七进一，车3进3，炮六平八，车3平2，马九进七，车2平7，

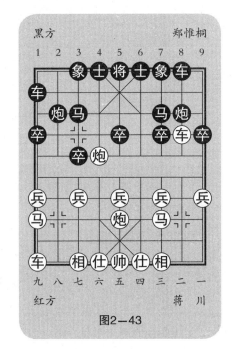

黑方　　　　　　　　郑惟桐

兵　　兵　　兵　　兵　　兵

图2—43

红方　　　　　　　　蒋川

2021全国象棋个人赛精彩对局解析

马七进五，车7平6，车九平八，炮2平4，车八进六，红方子力灵活，大占优势。

14. 炮六退三　炮8平9　　　15. 车二进三　马7退8

16. 车九平八　炮2平1

双方行棋至此形成红方稍好的局面。

17. 车八进四　……

高车准备活通马路，保留变化的选择。如车八进六，则象7进5，红方续走炮五进四虽然可以谋卒，但是子力交换后双方过于平稳。

17. ……　　　象3进5　　　18. 兵三进一　卒1进1

冲卒准备从边线制造突破口。

19. 仕四进五　炮1进4　　　20. 炮六平七　卒1进1

21. 车八平六　炮1平2　　　22. 兵七进一　……

不走马九退七避攻，反冲七路兵，破釜沉舟之举。

22. ……　　　车1进3

此时，双方心态较为微妙。就棋局而言，黑方是持有小先手的。但是黑方考虑到如仍走卒1进1，以下兵七进一，兵1进1，兵七进一，马3退2，车六平八，炮2平3，炮五进四，士6进5，炮七平四，马2进1，兵七平六，黑方有所顾忌。进车求稳，避免红方弃子抢攻，但是这着棋也给了红方活马的机会。

23. 马九进七　卒3进1　　　24. 车六平七　士6进5

25. 马七进五　卒5进1　　　26. 炮七进五　……

红方力求把局面搞混战的形势，避开黑方擅长的阵地进攻。因此，红方放弃稳健马五退七的走法。

26. ……　　　炮9平3　　　27. 车七进三　卒5进1

28. 兵五进一　……

一番子力交换以后，红方原本位置不佳的边马和七路炮，换掉黑方子力位置更好的3路马和9路炮，同时六路车位置也得到改善，红方满意。

28. ……　　　卒7进1　　　29. 马三进五　炮2平9

30. 兵五进一　炮9退2

退炮过于稳健，不如卒7进1，马五进三，炮9进3，相三进一，车1平3，车七平八，马8进9，对红方右翼有牵制。

31. 兵三进一　炮9平5　　　32. 马五进七　卒1平2（图2-44）

败着，宜走车1平4，马七进八，车4退1，马八进七，将5平6，兵三进四，

炮5进1，车七退三，车4退2，兵四平五，
炮5进1，较实战顽强。

  33. 马七进八   车1进2

  34. 兵三平四   炮5退1

  35. 马八进七   将5平6

  36. 车七退一   马8进7

  37. 帅五平四   车1平6

  38. 炮五平四   ……

再把黑车牵在肋线，黑方已是败势难

挽。

  38. ……   卒2进1

  39. 相七进五   士5进4

  40. 兵四进一   炮5进1

  41. 兵四平三

黑方认负。

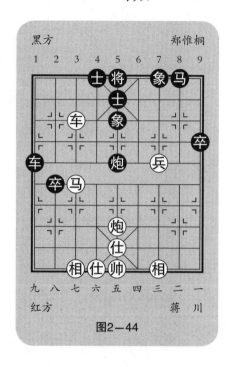

黑方　　　　　　　　　　郑惟桐

红方　　　　　　　　　　蒋　川

图2—44

第23局　河北 张婷婷　先负　黑龙江 王琳娜
仙人指路对卒底炮

  1. 兵七进一   炮2平3   2. 炮二平五   象3进5

  3. 马二进三   卒3进1   4. 车一平二   卒3进1

  5. 相七进九   ……

双方以仙人指路对卒底炮布局列阵。红方飞边相一方面避开黑方卒底的威

胁，又一方面保留马八进六跳拐马的机会。

  5. ……   车9进1   6. 炮五进四   ……

由于红方要马八进六，必然要炮打中卒，不能让黑方走车9平4肋车，否

则红方全盘受制。

  6. ……   士4进5   7. 兵五进一   马2进4

  8. 兵五进一   车1平2（图2—45）

抢出右车保持对红方左翼子力的压制。此外，黑方还有卒3进1的走法，

以下炮八平五，车1平4，前炮平六，马4进3，兵五平六，车9平6，马八进六，

2021全国象棋个人赛精彩对局解析

卒 3 平 4，车九平八，车 6 进 4，红方稍好。

9. 马八进六　　车 2 进 4

10. 炮八平五　　车 2 平 5

黑方如愿吃掉中兵，等于消灭红方河头堡垒，保持均势。

11. 马三进五　　车 5 平 2

12. 前炮平六　　……

红方此时也不好车九平八兑车，否则车 2 进 5，马六退八，马 4 进 5，炮五进四，马 8 进 7，炮五退一，马 7 进 5，车二进六，车 9 平 7，相九进七，炮 8 平 9，黑方子力灵活，红方不好控制。

12. ……　　　　马 4 进 3

13. 炮五平七　　卒 3 平 4

14. 车九平七　　马 3 进 1

15. 炮七平五　　马 1 进 2

黑方连续运马，对红方左翼形成压制。

16. 车七进六　　……

进车准备车七平九对黑方展开对攻。

16. ……　　　　卒 4 平 5

弃卒延缓红方攻势，双方你来我往，各显神通。

17. 炮五进二　车 2 平 5　　18. 炮五平一　车 9 平 6

19. 仕六进五　　……

补仕，防止马 2 进 4 的反击手段。

19. ……　　　车 6 进 2　　20. 车二进六　马 8 进 9

21. 车二退二　　……

红方退车准备转换黑方右翼，从实战进程来看，效果不佳。不如马五进三，车 5 平 7，炮六平五，炮 8 平 6，车七平八，炮 3 退 2，车八退三，以后红方有车二进二的手段，双方简化局面，易于控制。

21. ……　　　马 2 退 3　　22. 车二平八　卒 9 进 1

23. 炮一进三　象 7 进 9　　24. 马五进三　车 5 平 7

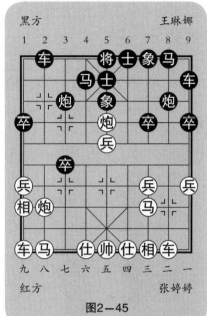

黑方　　　　　　　王琳娜

图 2—45

红方　　　　　　　张婷婷

红方车炮受牵不好摆脱。

25. 马六进五　　车6平5

26. 车七平八　　炮3平2

27. 炮六退一　……（图2—46）

败着。红方宜走前车平七，马3进5，车八进二，车7平3，车七退一，马5退3，马五进七，象5退3，车八退一，象3进1，炮六退五，红方全力防守，不至于落败。

27. ……　　　车5进3

28. 前车进一　　炮8平2

29. 马三退五　　车7平5

30. 马五进三　　车5平4

31. 马三进四　　车4平6

红方认负。

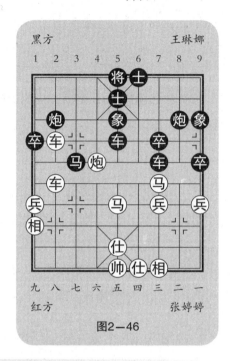

黑方　　　　　　王琳娜

图2—46

第24局　黑龙江 王琳娜　先胜　河北 张婷婷
飞相对左中炮

1. 相三进五　　炮8平5

首局张婷婷大师落败，换先以后张婷婷大师选择后手中炮应对飞相局，全力争胜之意跃然枰上。

2. 马二进三　　马8进7　　3. 车一平二　　车9平8

4. 马八进七　　炮2平4

平士角炮，形成"54"（56炮）阵势，是黑方一种稳健的着法。

5. 车九平八　　马2进3　　6. 炮八平九　　卒3进1

7. 兵三进一　　车8进6　　8. 马三进四　　车1进1

高车是求变的选择，常见走法是车8退2先避开红兵三进一的先手。

9. 兵三进一　　车8退1　　10. 马四退三　　车8退2

11. 兵三进一　……（图2—47）

冲兵利弊各半，有利之处在于不给黑方过多的战斗选择，不利之处在于黑方子力在这个交换中走活。也可以考虑车八进四，卒7进1，马三进二，车8平6，车八平六，士6进5，兵七进一，红方稍好。

11. ……　　　车8平7

12. 马三进二　车7进3

13. 炮二平三　马7进8

布局至此，黑方子力灵活，已然有了反先的势头。

14. 马二进四　马8进6

15. 炮三平四　马3进4

稍急，就当前局面而论，黑方可以炮5平6保持继续纠缠之势，以下车八进六，车7退2，车八平六，象7进5，车二进六，士4进5，兵五进一，马3进2，双方乱战，黑方可以更好地发挥子力位置上的优势。

16. 车八进一　……

红方行棋保守，给了黑方博杀的机会。

16. ……　　　马4进5

17. 马四进五　马5进3

18. 马五进六　……（图2-48）

红方如炮四平七，则象7进5，车八平四，马6进8，车二进二，车7平3，炮七退一，炮4进5，相五进三，炮4退3，炮七平五，车1平7，车四进四，炮4进1，相七进五，炮4平2，黑方有攻势，红方要疲于应对。

18. ……　　　马3进4

黑方错过一击制胜机会，此时应走车1平4，炮四平七，炮4进2，车八进三，炮4平5，车八平五，马6进8，车二进二，马8退7捉死车，黑方大优。

19. 马六退七　车1平3

20. 炮九进四　炮4退2

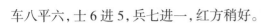

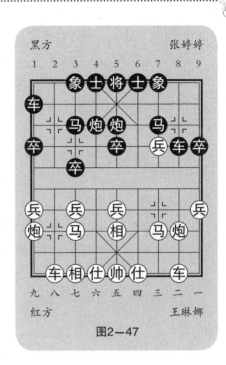

图2-47

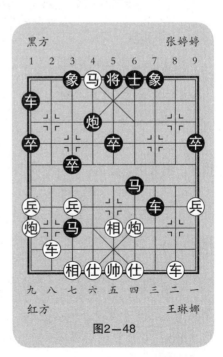

图2-48

退炮等于让了一着，还是车 3 进 1 对攻为好。

21. 车二进七　　象 7 进 5　　　22. 炮四进七　　……

好棋，弃炮打士，黑方反而受攻。

22. ……　　　将 5 平 6　　　23. 车二平四　　将 6 平 5

24. 车四退三　　……

红方重新夺回优势，黑方陷入被动。

24. ……　　　车 7 平 4　　　25. 炮九进三　　炮 4 平 1

只能吃炮，如车 3 进 1 吃马，则车八平四，红胜势。

26. 仕四进五　　车 3 平 8　　　27. 相五退三　　车 8 进 8

黑车实际是不能离开本方二路线的，应车 8 平 7 捉相，局势尚可。

28. 车八进七　　……

进车狙杀，红方胜利在望。

28. ……　　　车 8 平 7　　　29. 仕五退四　　车 4 退 4

30. 车四进四

黑方认负。

 第 25 局　浙江 唐思楠　先胜　云南 赵冠芳

中炮直横车正马对屏风马两头蛇

1. 炮二平五　　马 8 进 7　　　2. 马二进三　　车 9 平 8
3. 车一平二　　卒 7 进 1　　　4. 车二进六　　卒 3 进 1
5. 马八进七　　马 2 进 3　　　6. 车九进一　　……

至此，形成"中炮直横车正马对屏风马两头蛇"的典型阵势。红方以快速推进，黑方则以稳固的阵形防守反击。

6. ……　　　象 3 进 5

在中炮直横车对屏风马两头蛇的布局体系中，黑方此手走炮 2 进 1 逐车一直是公认的官着。但近期，黑方象 3 进 5 的走法有力地挑战了传统经典理论。

7. 车九平六　　……

平车占肋，自然之着。如改走兵五进一，炮 2 进 1，车二退二，士 4 进 5，车九平六，车 1 平 4，车六进八，士 5 退 4，马七进五，炮 8 平 9，车二进五，马 7 退 8，双车兑尽后局势平稳，对于拿先手的红方来说难以满意。

7. ·····　　　士 4 进 5

8. 兵五进一　·····

红方由于双马不活，遂从中路发起攻势。

8. ·····　　　炮 2 进 4

黑方进炮兵线改进之着。如改走炮 8 平 9，车二平三，车 8 进 2，马七进五，车 1 平 4，车六进八，马 3 退 4，炮八进四，红方主动。

9. 兵七进一　　卒 3 进 1

10. 兵五进一　　车 1 平 4（图2-49）

兑车是一步新着，以往多走卒 3 进 1 与红方短兵相接。以下马七进五，车 1 平 4，车六进八，将 5 平 4，车二退二，炮 8 进 2，兵五进一，马 3 进 5，双方对峙。

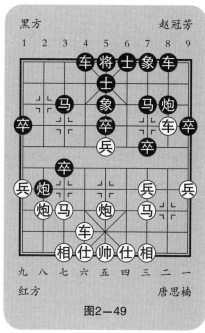

黑方　　　　　　　　　　赵冠芳

红方　　　　　　　　　　唐思楠

图2—49

11. 车六进八　　将 5 平 4　　12. 车二退二　　卒 3 进 1

黑方变着后取得结果，少走一步炮 8 进 2 抢走卒 3 进 1，这样结果对黑方要更有利。

13. 马七进五　　卒 3 平 4

让红方保留过河兵，隐患很多。不如卒 5 进 1 简明，以下炮五进三，炮 2 平 5，车二平六，将 4 平 5，马三进五，卒 3 平 4，马五进六，马 3 进 4，车六进一，炮 8 进 2，炮五平二，卒 4 平 5，车六进一，马 7 进 8，双方大体均势。

14. 马五进四　　马 7 进 6　　15. 兵五平四　　将 4 平 5

16. 炮五退一　·····

抓住黑方 8 路线车、炮被牵制的弱点，准备谋子。

16. ·····　　　炮 8 进 1

进炮准备下着炮 2 退 3 形成担子炮，加强防守。

17. 炮五平二　　炮 2 退 3　　18. 马三退五　　卒 4 平 3

顽强走法是卒 4 进 1，马五进四，卒 4 平 3，炮八进一，卒 3 进 1，暂时不会丢子。

19. 炮八平二　　车 8 进 2

高车以后车 8 平 6 把车投入战场，劣势中的一步最强应着。

20. 炮二进四　马3进4

希望利用车的反牵制为黑方反击赢得时间。

21. 马五进四　炮2进3

22. 马四进六　炮2退1

23. 车二退二　马4进6

24. 马六进五　……（图2-50）

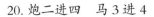

红方抢到至关重要的位置,利用黑方右翼防守空虚的弱点,可以随时摆脱牵制,加强进攻力量。

24. ……　　　马6进4

25. 仕四进五　炮2平5

26. 帅五平四　车8平6

27. 前炮平四　……

平炮拦车,已经确立胜势。

27. ……　　　马4退5　　28. 车二平五　炮5退2

29. 车五进三　炮5平3　　30. 相七进五　车6平8

31. 炮二平四　……

在红方严密的防守下,黑方已经没有一丝偷袭的机会,红方取胜已是时间问题。

31. ……　　　卒3平4　　32. 炮四进三　车8进4

33. 后炮平五　车8平7　　34. 车五平八　炮3退3

35. 车八平七　将5平4　　36. 车七平六　将4平5

37. 炮四平八　卒7进1　　38. 车六平七

黑方认负。

第26局　云南 赵冠芳　先负　浙江 唐思楠
飞相对右士角炮

1. 相三进五　炮2平4

先手飞相是一种全面较量实力的开局,黑方应以士角炮,是伺机而动的稳健应法，其攻防得失甚是微妙。

2. 兵七进一　　……

红方抢进七兵，逼迫黑马屯边，是近期非常流行的下法，进而也丰富了飞相局对右士角炮的套路变化。

2. ……　　马2进1　　3. 马八进七　　……

红方跳马，正着。如改走炮八进四则显得布局结构脱节，黑方可以走卒3进1，兵七进一，车1平2，炮八平三（如兵七进一，马8进7，马八进七，马1进3，黑方满意），象7进5，兵七平六，马8进6，炮三退二，车2进8，仕四进五，炮4平2，炮二退一，车2退4，马八进七，车2平4，黑方顺势出子，并可消灭红兵，应该满意。

3. ……　　车1平2　　4. 车九平八　　……

正着。如改走马七进六，马8进7，车九进一，卒7进1，车九平四，象7进5，炮八平六，炮4进5，炮二平六，车2进6，车四进三，车2平5，马二进四，车5退2，车四进二，炮8进3，车四平三，车9平7，车一平二，车5进1，马六退七，炮8平3，仕四进五，炮3进1，黑方易走。

4. ……　　炮8平5　　5. 炮八进四　　马8进7

6. 马二进一　　……

跳边马按部就班的选择，求变可以选择马二进四，车9平8，兵三进一，车8进4，车一平二，卒1进1，双方变化相对复杂。

6. ……　　马1退3　　7. 炮八进二　　炮5退1

8. 炮八退一　　炮5进1　　9. 炮八进一　　炮5退1

10. 炮八退一　　炮5进1　　11. 炮八退三　　车9平8

当前局面红方阵形协调性上稍有问题，黑方先出左车再右车巡河，处理得很有针对性。

12. 车一平二　　车2进4　　13. 兵一进一　　车8进6

14. 炮二平三　　车8进3　　15. 马一退二　　卒7进1

16. 兵三进一　　……（图2-51）

进三兵积极，如马二进一，则马7进6，车八进三，象7进9，马一进二，卒7进1，马二进三，卒7进1，炮三平一，炮5平8，黑方子力出动速度更快，黑方满意。

16. ……　　象7进9

飞象稳健，如马7进6，则兵三进一，马6进5，炮三进七，士6进5，兵七进一，车2平3，炮八平二，双方形成乱战之势。

17.兵三进一　　　象9进7

18.车八进三　　　士6进5

19.马二进一　　　卒3进1

打破对峙局面的下法，也可马3进4保持封闭状态。

20.兵七进一　　　车2平3

21.炮八平二　　　……

红方走炮八平二这着棋后，局面满意，略占优势。

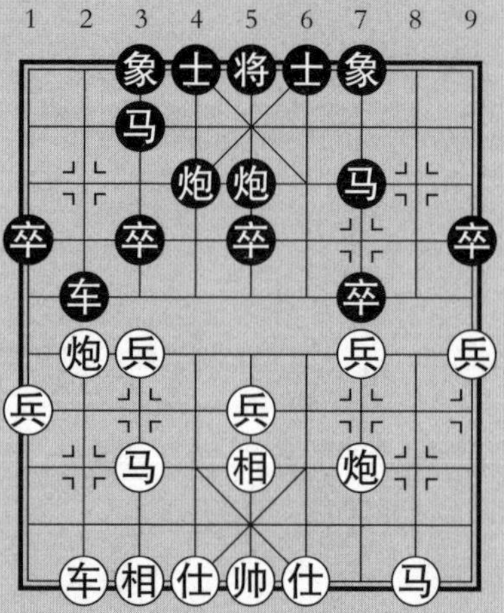

图2—51

21.……　　　　　象7退9

22.马一进三　　　马7进8

23.马三进二　　　车3平8　　　24.炮二平七　　　……

选择炮二平六更为准确。以下黑方如车8平3，红方有炮六退三的反击，以下炮4进5，相五退三，炮4退1，马七进六，红方先手。

24.……　　　　　马3进4　　　25.炮七进二　　　车8平3

26.炮七平五　　　车3平5　　　27.炮五平九　　　炮4平1

28.炮九平一　　　……

平炮打卒失去扩先良机。红方可以考虑仕四进五，车5平3（马4进2，车八进一），车八进三，马4进6，车八平四，车3平5，炮九平五，红方大优。

28.……　　　　　马4进6　　　29.仕六进五　　　马6进8

30.炮三平一　　　马8进6　　　31.后炮平四　　　马6退7

32.炮一平八　　　炮5平8　　　33.车八进一　　　……

在黑方顽强的反击下，红方应对有些被动，但是红方子力位置的分散逐步缩小，尚有优势。

33.……　　　　　炮8进7　　　34.相五退三　　　炮1平7

35.相七进五　　　马7进8　　　36.炮四平二　　　……

无论如何也要车八平三策应一下。

36.……　　　　　炮7进5

不如车 5 平 7 更有利，以下炮八平五，象 3 进 5，帅五平六，炮 7 进 7，相五退三，车 7 进 5，炮二平五，车 7 平 6，帅六进一，车 6 平 3，黑方弃子有攻势。

37. 马七进六　车 5 进 2　　38. 马六进四　车 5 退 3

39. 炮八进三　车 5 平 6　　40. 马四进二　炮 7 退 5

41. 马二进三　……

将军作用不大，不如先走车八平七，马 8 进 6，仕五进四，炮 7 平 5，车七平五，车 6 平 8，车五进三，车 8 进 4，相五进三！红方更易把握优势。

41. ……　　　将 5 平 6　　42. 车八退一　车 6 退 2

43. 马三退一　车 6 进 3　　44. 车八平五　车 6 平 2

45. 车五平四　炮 7 平 6　　46. 炮八平九　车 2 进 5

47. 仕五退六　车 2 退 9　　48. 炮九退五　……

改走车四平三更为严谨，红方胜利可期。

48. ……　　　车 2 进 5

49. 马一退三　将 6 平 5

50. 车四平三　炮 6 平 7

51. 马三退五　炮 7 平 5

52. 炮二退一　车 2 退 1

53. 炮二平五　……（图 2-52）

败着。应走炮九进五，以下车 2 平 5，炮二平五，马 8 进 7，车三退二，车 5 进 3，车三进八，士 5 退 6，车三退七，车 5 退 1，车三进一，车 5 退 1，车三平六，红方易走。

53. ……　　　炮 5 进 5

54. 炮五平七　车 2 平 5

55. 车三平二　炮 5 平 8

红方从久攻无果到最后崩盘，殊为可惜，看到红车被抽后，赵冠芳特级大师投子认负。

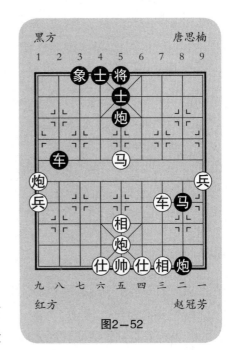

图 2-52

第三部分　超快棋赛

第1局　广东 黄光颖　先胜　北京 蒋川
中炮进三兵对左三步虎

1. 炮二平五　　马 8 进 7　　　2. 兵三进一　　车 9 平 8

3. 马二进三　　炮 8 平 9

黑方左炮开边，形成"三步虎"阵势，是后走方的一种积极应法。

4. 马八进七　　……

左马正起，可加强中心区域的作战能力。此时不宜走马八进九，否则黑有卒 1 进 1！炮八平七，卒 1 进 1，兵九进一，车 1 进 5，红方失先。

4. ……　　　　卒 3 进 1

局面至此，形成中炮三兵对三步虎阵势。黑方挺卒制马，活通右翼子力，并阻止红方走成"两头蛇"阵势，是以"防守反击"为主导思想而实施的着法。

5. 炮八进四　　马 2 进 3　　　6. 炮八平七　　……

平炮压马，限制黑方子力的展开速度。也可以走炮八平三，则象 7 进 5，车九平八，车 1 平 2，车八进六，炮 2 平 1，车八平七，车 8 进 3，兵三进一，象 5 进 7，马三进四，车 2 进 5，兵五进一，炮 1 退 1，车七退一，车 2 平 5，车七平三，象 3 进 5，车三平二，红优。

6. ……　　　　车 1 平 2　　　7. 车九平八　　象 3 进 5

右象较好。如改走象 7 进 5，则车八进四，炮 2 平 1，车八进五，马 3 退 2，车一进一，炮 1 平 4，车一平八，马 2 进 1，炮七平三，红方易走。

8. 车八进四　　……

红方高车巡河，既防止黑方炮 2 进 4 封车，又可兑七兵，开通左马出路。

8. ……　　　　车 8 进 4　　　9. 车一进一　　……

起右横车是黄光颖的独门绝技。常见走法是车一平二兑车，通过兑窝车的方式保持先手。

9. ……　　　　卒 7 进 1　　　10. 马三进四　卒 7 进 1

11. 马四进三　　卒7进1

12. 马三进一　　象7进9

13. 车一平六　　……（图3-1）

红方连续运马换炮，看似布局中有效步数损失不少，但是，红方右翼的防守压力也相应减少，可以集中兵力攻击红方。

13. ……　　　　象9退7

14. 车八进二　　炮2平1

15. 车八进三　　马3退2

16. 车六平八　　马2进4

17. 炮七进三　　士4进5

18. 炮七平九　　炮1平2

平炮拦车，冷静。至此，双方形成均势局面。

19. 仕六进五　　……

当前局面下，红方要增加进攻子力，补仕的构思非常精巧，红方计划把中炮调到左翼参战。

19. ……　　　　车8进1

20. 车八进五　　卒3进1

21. 马七退六　　马7进6

进马好棋。如卒3进1，则炮五平八，将5平4，炮八进五，马4进2，车八进一，卒7平6，黑方两个过河卒分散，红方多子占优。

22. 炮五平八　　卒3平2

23. 兵七进一　　马6进5（图3-2）

进马准备再马5退4策应右翼，错过反击的机会。应走车8平3，相七进九，车3退3，兵五进一，卒2平3，相九进七，炮2进5，车八进三，士5退4，车八退七，车3退2，车八平六，车3平1，车六进六，

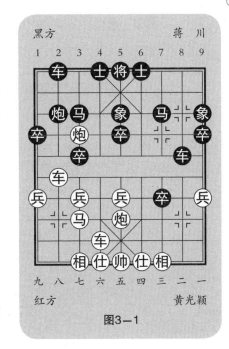

图3-1

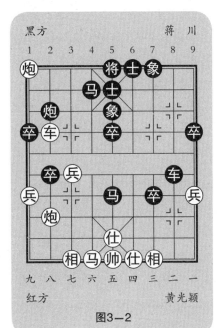

图3-2

车1平2，黑方优势。

24. 相七进五　马5退4　　25. 车八退一　马4进6

26. 马六进八　马6进8

方向性错误，应马6进4，炮八平六，士5进4，车八平六，炮2进6，车六退二，马4进2，黑方仍有优势。

27. 车八退一　马8进7　　28. 帅五平六　炮2平4

无论如何也要炮走车8平4，马八进六，炮2进5，车八进五，士5退4，车八退七，将5进1，黑方仍可保持相持的局面。

29. 车八进五　士5退4　　30. 车八平六

红胜。

第2局　广东 李禹　先负　杭州 王天一
顺炮直车对横车

1. 炮二平五　炮8平5　　2. 马二进三　马8进7

3. 车一平二　车9进1　　4. 马八进七　卒3进1

常见的着法是先横五车过宫走车9平4。现王天一特级大师先挺3卒制马，而左横车暂不定位，增加了布局选择的多变性。

5. 兵三进一　车9平3

黑车平3，企图打开3线。

6. 相七进九　……

正着。防止黑方卒3进1，兑卒打通3线攻马。

6. ……　　马2进3

马后藏车，以静制动。常见的选择是马2进1，车二进五，炮2进1，仕六进五，炮5平4，兵五进一，象3进5，马七进五，士4进5，车二进二，车3进2，双方对峙。

7. 车二进五　卒5进1

8. 仕六进五　　……（图3-3）

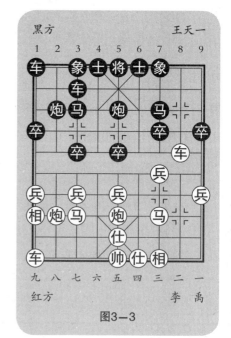

图3-3

正着，显然不宜车二平五吃中卒，否则马7进5，车五平二，马5进4，车九平七，炮2进2，车二进一，马3进4，黑方子力灵活，反夺先手。

8. ……　　　卒7进1　　　9. 车二退一　　　……

再冲7卒强硬，红方只能退车至河口。

9. ……　　　车3平7

再平车到7路马后，寻求打开7路线的机会。

10. 马三进四　　　……

进马也是当前红方最佳的应对选择。

10. ……　　　炮2进3　　　11. 车二进二　卒7进1

12. 炮五进三　　　……

红方此时宜先走马四进三更为含蓄有力。以下马7进5，车九平六，士4进5，兵七进一，卒3进1，相九进七，红方进攻的整体性更强。

12. ……　　　士4进5　　　13. 马四进三　马7进5

14. 车九平六　炮5进2

换掉红方中路炮以后，红方阵形结构非常尴尬。已经出动的大子落点不佳，左翼炮、马又不好调整，黑方反先。

15. 马三退五　卒7平6　　　16. 车二平三　炮2退4

细微之处见功夫，退炮巧手，红方如车三进二主动兑车，则炮2平7，以后黑方有车1平2、马5进7等手段，黑方子力太过活跃，红方不好应对。

17. 兵七进一　卒3进1　　　18. 相九进七　象3进5

19. 相三进五　车7进2

红方底线弱点消除，兑车是必走的选择。

20. 马五进三　马5进7　　　21. 车六进六　卒1进1

进边卒，不走寻常路的选择。如车1平4则红方简化局面，黑方无趣。

22. 炮八退一　卒1进1　　　23. 炮八平九　车1进4

24. 马七进六　车1平2　　　25. 车六平七　炮2平4

准备偷袭红方底线。

26. 相五退七　车2平4　　　27. 马六退五　马3进5

28. 炮九进三　炮4平1　　　29. 车七平八　……（图3-4）

平车作用不大，不如兵五进一，卒6平5，炮九平五，马7进5，车七平五，马5退7，车五平八再车八退三，红方可以坚守。

29. ······　　車4进2

30. 炮九进二　　马5进3

31. 马三退五　　車4平1

32. 车八进三　　士5退4

33. 炮九平七　　炮1平8

平炮叫杀，局面判断精准。

34. 马五进六　　将5进1

35. 仕五退六　　車1平4

36. 马六退七　　象5进3

37. 车八退二　　象7进5

38. 仕四进五　　車4平5

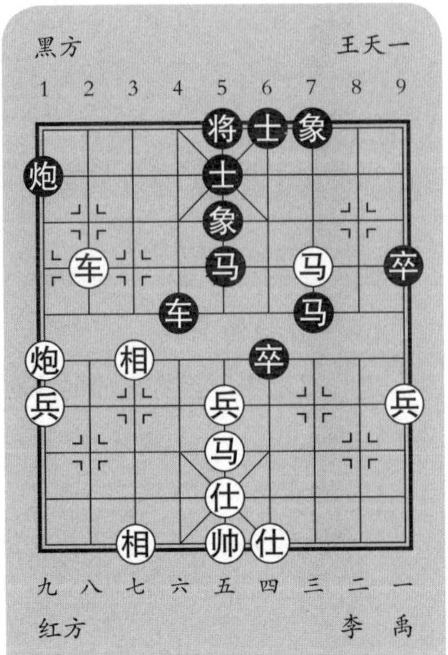

吃掉中兵后，黑方形成三子归边之势，红方局面继续恶化。

39. 炮七平九　　車5平9

准备形成炮碾丹砂之势。

40. 车八退一　　車9进3　　　41. 仕五退四　　马7进6

42. 马五进三　　炮8进8　　　43. 仕四进五　　将5退1

老练，攻不忘守。

44. 车八平四　　炮8平4　　　45. 仕五退四　　炮4平6

红方认负。

第3局　杭州 刘子健　先负　成都 郑惟桐

五七炮进三兵对屏风马

1. 炮二平五　　马8进7　　　2. 马二进三　　車9平8

3. 车一平二　　马2进3　　　4. 兵三进一　　卒3进1

5. 马八进九　　卒1进1　　　6. 炮八平七　　马3进2

五七炮进三兵对屏风马是刘子健大师的拿手布局之一，他曾在近几年的重大赛事中频频使用，并屡建奇功。黑方则以堂堂之阵相拒，静观其变。

7. 车九进一　　車1进3

升车暗保中卒，着法机警有力。

图3—4

黑方　　　　　王天一

红方　　　　　李禹

2021全国象棋个人赛精彩对局解析

8. 车九平六　　士6进5

9. 马三进四　　……（图3-5）

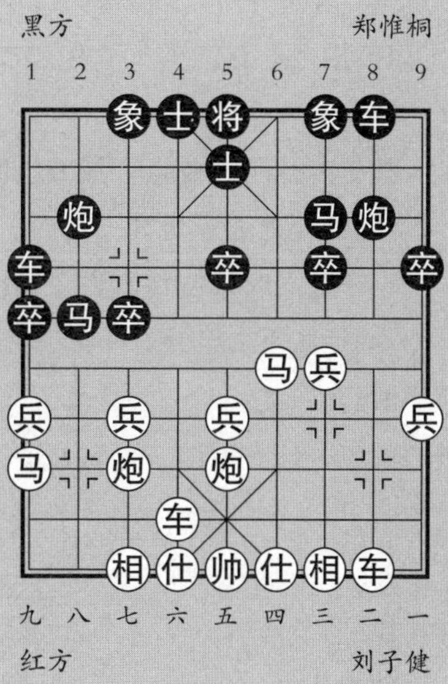

疾进河口马，虎视红方中路，急攻的走法。除此之外，红方常见的选择是车二进六，以下炮8平9，车二平三，象7进5，兵七进一，马2进1，炮七退一，马1退3，马九进七，车8平6，仕四进五，炮9退2，马七进五，炮9平7，车三平二，炮2平3，双方对峙，大体均势。

9. ……　　　　马2进1

10. 炮七进三　　炮8进2

试图炮8平7再炮7进5先弃后取，打乱红方阵形。

11. 车二进一　　卒1进1

12. 马四进三　　车1进1

先捉红炮试探红方应手，如卒1平2，则炮五平三，车1进1，炮七进三，红方可从容展开阵形。

13. 炮七平三　　……

平炮打马，似先实后，不如炮七进一，炮2平5，马三进五，象7进5，车六进三，红方阵形更舒展。

13. ……　　　　象3进5

14. 炮三进二　　炮2平7

交换以后，红方二路车虽然牵制黑方车、炮，但子力的灵活程度显然不如黑方，黑棋已然反先。

15. 车六进五　　车1平6

16. 车六平五　　炮7平8

17. 车二平三　　……（图3-6）

上一着黑方平炮打车不够严谨，红方此着逃车更错过夺势的机会。此时宜走兵

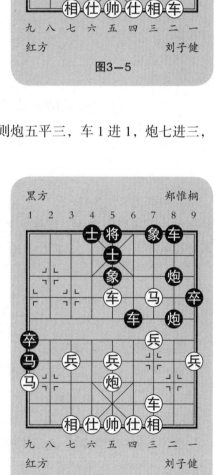

图3-5

图3-6

三进一，车6平7，马三进五，象7进5，车五平二，车7进5，炮五进五，士5进4，相七进五，车7平9，仕六进五，红优。

17.……　　　炮8进5

红车离开防守要点，黑方沉底炮进攻，紧凑。

18. 仕六进五　　炮8平7

亮车的同时牵制住红方三路线，黑方得势。

19. 炮五平三　　炮7平6　　　20. 炮三平八　　炮6进7

21. 兵三进一　　……

如改走仕五退四，则车6进5，帅五进一，马1进3，帅五进一，车8进7，黑方杀棋。

21.……　　　车6平2　　　22. 仕五退四　　车2进3

23. 马三进四　　车2平6　　　24. 马四进二　　马1进3

红方认负。

第4局　成都 郑惟桐　先胜　河北 孟繁睿
仙人指路对卒底炮

1. 兵七进一　　炮2平3　　　2. 炮二平五　　象3进5

3. 马二进三　　……

红方不顾黑下着进3卒争先之着，采取快出右翼子力的战术。以兵为代价达到快出子力的目的，是现代兵炮布局的一个特点。

3.……　　　车9进1

黑方提横车加快大子的出动速度，阵形具有弹性。

4. 炮五进四　　……

炮打中卒，可逼迫黑方上士，从而达到阻止黑车右移的目的，此着虽可获得实利，但也有出子相对缓慢的缺点，可谓各有利弊。

4.……　　　士4进5　　　5. 马八进七　　马2进4

6. 炮五退二　　车9平6　　　7. 马七进八　　……

进外马封车的同时，不给黑方马4进2调整阵形的机会。

7.……　　　车6进3　　　8. 车一平二　　……（图3-7）

先左车保持明快的进攻节奏。实战中红方还有相七进五的走法，以下炮3

平 2，车九平八，车 1 平 2，车一平二，炮
8 进 2，兵三进一，马 8 进 7，车二进一，
炮 2 进 5，车八进二，车 2 进 4，车八退一，
红方稍好。

8. ……	马 4 进 5
9. 马八进七	车 1 平 2
10. 马七退八	车 2 平 4
11. 相七进五	车 4 进 6
12. 马八进七	车 6 平 2
13. 炮八平七	马 5 进 6
14. 仕六进五	……

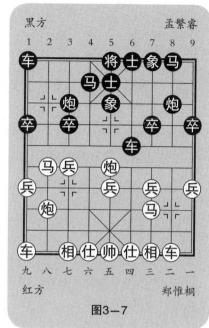

黑方　　　　孟繁睿

九 八 七 六 五 四 三 二 一
红方　　　　郑惟桐

图 3—7

补仕正确。如车二进六，则车 4 进 1，
车九平七，马 6 进 7，仕六进五，车 4 退 4，
兵七进一，车 2 平 3，炮五平七，车 3 进 1，
相五进七，马 7 退 5，黑方反先。

14. ……	马 6 退 8	15. 炮五平二	马 8 进 9
16. 兵三进一	卒 9 进 1	17. 车二进三	……

以上几个回合，双方都不急于展开进攻，俱是稳扎稳打。

17. ……	车 2 进 3

进车不如炮 8 进 3 交换，车二进一，车 4 平 3，马七退六，象 5 退 3，黑方
局势更具潜力。

18. 马七退五	车 4 退 2	19. 炮七进五	炮 8 平 3
20. 兵五进一	……		

交换以后，黑方双马位置尴尬，红方扩大先手。

20. ……	马 8 退 6	21. 车二平五	车 2 退 3
22. 车九平六	……		

兑车好棋，主要化解黑方简化局面的意图，保持多兵的优势。

22. ……	炮 3 进 1	23. 车六进五	车 2 平 4
24. 炮二进二	马 9 退 7	25. 炮二退一	车 4 退 1
26. 马五进七	车 4 平 3	27. 兵五进一	……

一番子力交换以后，红方中兵如愿过河。

27. ……　　　马6退4

28. 兵五进一　卒7进1

29. 炮二进四　卒7进1

30. 相五进三　马7进9

31. 炮二退三　车3进2

32. 兵五进一　……

冲兵破象，红方发起总攻。

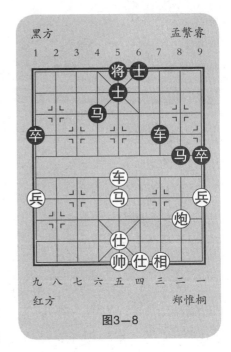

图3—8

32. ……　　　象7进5

33. 车五进四　车3平7

34. 马三进五　车7退2

35. 炮二退四　马9进8

36. 车五退三　……（图3-8）

退车伏有车五平二，马8退6，车二平八再炮二平五的攻击手段，黑方已然难以应对。

36. ……　　　将5平4　　　37. 车五平二　马8退6

38. 车二平八　将4平5　　　39. 炮二平五　马4退3

40. 马五进六

红方最后几个回合攻击精准，黑方认负。

第5局　杭州 王天一　先胜　浙江 黄竹风

飞相对进马局

1. 相三进五　马2进3　　　2. 兵七进一　炮8平5

3. 炮八平七　象3进1

开局未几，局面已是暗潮涌动，双方脱谱形成散手局面。

4. 马二进三　马8进7　　　5. 车一平二　卒7进1

6. 马八进九　车1平2　　　7. 炮七平八　车2平3（图3-9）

以上两个回合，黑车看似被红炮赶到"背处"，但是黑方得到补偿是红方无法直接车九平八亮出左车。当前局面下，黑方是走象位车还是车2平1退回原处是一个必要选择，从实战进程来看，黑方可以考虑车2平1，以下炮二进四，马7进6，黑方阵形更有反弹力。走象位车后，炮二进四，黑方不能马7进6，否则炮二平七顺势打车，红方便宜一着棋。这也是车2平3和车2平1的区别所在。

　　8. 炮二进四　　卒5进1

　　9. 车九进一　　卒5进1

　　黑方子力不活，唯有中路这一处可以盘活子力。

　　10. 兵五进一　　马3进5

　　11. 车九平四　　炮5进3

　　12. 仕四进五　　车9进1

　　13. 炮八进四　　……

　　红方虽弃还中兵，但是大子已占据要津，红方优势明显。

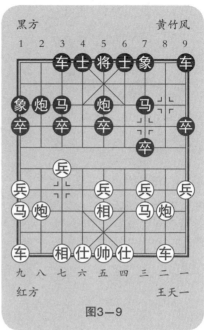

图3—9

　　13. ……　　　卒3进1

　　14. 车二进四　　炮5平4

　　15. 车四进六　　炮2退1（图3—10）

　　退炮坏棋，局势恶化的根源。黑方宜走马5退3，以下车四退一，马3进4，车四平三，马4退5，车三平六，卒3进1，炮二平五，马5退3，炮八退一，马7进5，车六平五，马3进5，黑方局势尚可。

　　16. 炮二平三　　象7进9

　　17. 车二平五　　……

　　平中车捉双，黑方退炮时忽略的巧手。

　　17. ……　　　车9平5

　　18. 炮八进一　　……

　　红方得势之后，迅速加强进攻，黑方难以应付。

　　18. ……　　　马7退8

　　19. 帅五平四　　车5平6

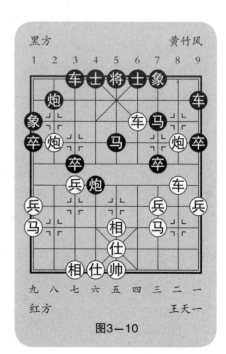

图3—10

20. 车五进二　士4进5　　　21. 车四进一　马8进6

22. 炮八平五　士5退4　　　23. 车五平四

黑方认负。

第6局　北京 么毅　先胜　浙江 赵鑫鑫
五七炮进三兵对屏风马

1. 炮二平五　马8进7

2. 马二进三　马2进3

3. 车一平二　车9平8

4. 兵三进一　卒3进1

5. 马八进九　卒1进1

6. 炮八平七　马3进2

7. 马三进四　车1进3

黑方升车保卒，既可占据要道，又伏诱敌进攻手段。如改走象7进5，马四进五，马7进5，炮五进四，士6进5，车二进五，车8平6，炮七平一，红仍持先。

8. 兵七进一　……

弃七路兵是最为激烈的选择。

8. ……　　　　马2进1

9. 炮七进一　马1退3

10. 炮五退一　……（图3-11）

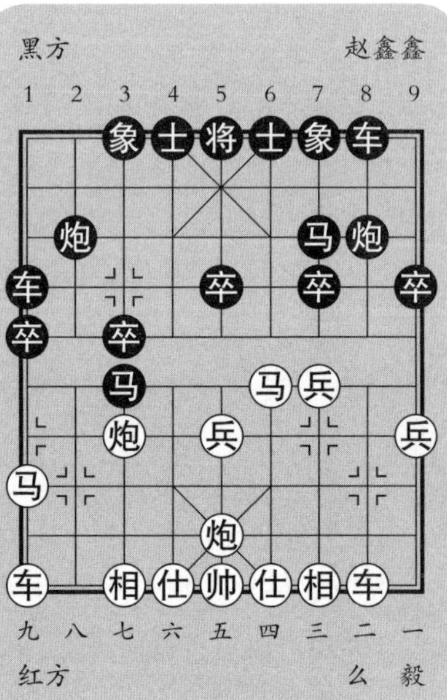

图3-11

退炮准备相三进五赶马，以后再炮五平七控制七路线。此时，红方如直接走炮五平七，则象3进5，车九平八，炮8平9，车二进九，马7退8，相三进五，马3进5，后炮进三，卒1进1，前炮进二，炮2平1，黑优。

10. ……　　　　象7进5　　　11. 相三进五　马3进1

12. 车九平八　炮2平4　　　13. 马四进三　士4进5

14. 炮五平七　卒3进1　　　15. 相五进七　……

只能用相吃卒，如后炮进三，则马1退3，相五进七，卒1进1，车八进五，车1平4，以后有车4进3夺中兵的手段，黑方满意。

15. ……　　　卒 1 进 1　　16. 车二进三　车 1 进 1

17. 相七退五　炮 4 进 1

进炮打马的同时，7路马失去保护，被红方借机扩先。不如马 1 进 3，车八进二，马 3 退 5，车二平五，炮 8 进 7，相五退三，卒 1 进 1，黑方弃马后有攻势。

18. 炮七进四　炮 4 平 7　　19. 前炮平三　炮 8 进 3

交换以后，黑方8路线车炮受牵制，红方有利。

20. 兵三进一　炮 7 平 6　　21. 兵三进一　炮 6 进 5

防止红方炮七平三的骚扰的同时，准备炮 6 平 9 再炮 9 进 1 沉底炮，对红方后防形成牵制，使红方不能完全放手进攻。

22. 马九进七　炮 6 平 9　　23. 炮七进八　炮 9 进 1

24. 仕四进五　炮 8 平 7　　25. 车二进六　炮 7 进 4

26. 车二退九　炮 7 平 4　　27. 车二平一　炮 4 平 2

28. 仕五退六　车 1 平 3　　29. 马七退六　炮 2 平 1

30. 炮七平九　车 3 进 5　　31. 马六进八　车 3 平 2

32. 马八退七　……

黑方攻势被红方顺利化解。

32. ……　　　车 2 退 1

33. 炮九退六　车 2 平 4

34. 车一平三　将 5 平 4

35. 帅五平四　卒 1 进 1

36. 车三进四　车 4 进 1

37. 帅四进一　车 4 退 1

38. 帅四进一　炮 1 退 2

39. 马七进八　卒 1 平 2

40. 车三平八　卒 2 进 1

41. 车八退二　炮 1 退 1

简化子力后，黑方要谋兵才能守和，否则红方车炮兵的攻势太过强大，黑不好应付。

42. 车八进七　将 4 进 1

43. 炮三进一　士 5 进 4

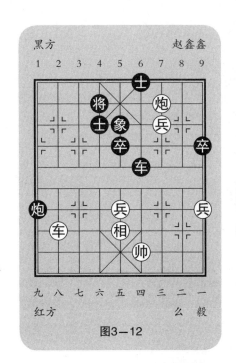

图3—12

 第三部分　超快棋赛

129

44. 车八退六　炮1进1　　45. 车八退一　炮1退1

46. 兵三进一　车4退4　　47. 帅四退一　车4平6（图3-12）

随手将军，坏棋。黑方应全力防守，车在右翼的防守作用要更大一些。宜走炮1平3，帅四平五，将4平5，车八进四，将5退1，兵三平四，士6进5，黑方尚可周旋。

48. 帅四平五　炮1平9　　49. 炮三平二　……

平炮以后，红方车炮兵三子已经调整到位，黑方不好应对。

49. ……　　　车6平8　　50. 兵三平四　象5进3

51. 炮二平三　车8退3　　52. 车八进六　将4退1

53. 兵四进一　士6进5　　54. 兵四平五

黑方认负。

第7局　上海 蒋融冰　先负　北京 蒋川
进马对挺卒

1. 马八进七　卒7进1　　2. 炮二平三　象3进5

3. 马二进一　马8进7　　4. 车一平二　马7进6

5. 兵七进一　卒3进1

进3卒是蒋川特级大师弈出的新变。以往多走车9进1，车二进六，车9平4，炮八进四，士4进5，车二平五，马6进4，马七进六，车4进4，相七进五，马2进4，车五退二，车4进1，红方稍好。

6. 车二进六　马2进4　　7. 车二平四　马6退4

8. 兵七进一　车1平3　　9. 兵七平六　……

平兵简化局面，稳健。可以选择相七进五，车3进4，仕六进五，保留变化。

9. ……　　　车3进7　　10. 相七进五　车3退4

11. 兵六进一　……（图3-13）

当前局面下红方有两种思路：第一种是实战的走法，快速简化局面，保持平稳的态势；另一种是炮八平六，保持纠缠。两种思路各有利弊，这就是临时棋手的选择。

11. ……　　　车3平4　　12. 仕六进五　卒9进1

13. 炮三进三　车4进3

进车准备谋卒，同时也向红方表明一种态度，要红方车九平六兑车，削弱红方左翼的防守力量。

14. 车九平六　车4进3

15. 仕五退六　炮8进4

16. 兵三进一　炮8平1

17. 炮三进一　炮1进3

18. 仕六进五　车9进1

黑方兑车后的战术基本达成，现在准备调运子力攻击红方左翼。

19. 车四退一　炮2平3

20. 车四平六　炮3进1

21. 炮八进六　……

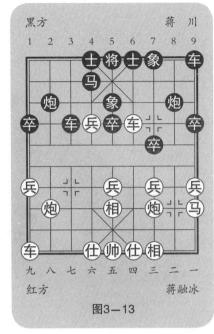

图3—13

进炮失先，忽略黑方马4退2的应手。红方宜走车六进一，炮3进6，炮八退二，炮3退9，炮八进六，车9平7，炮三平一，马4进2，车六平七，车7平6，炮八平五，士4进5，炮五平九，对峙中红方略优。

21. ……　　　马4退2　　22. 炮三平七　车9平2

黑方调运到红方左翼，黑方取得理想的战果。

23. 仕五进六　士4进5　　24. 兵三进一　车2进2

25. 炮七退二　马2进3　　26. 车六退二　象5进7

27. 马一进三　象7进5　　28. 炮七平二　……

以上几个回合，红方行棋思路还是非常积极的，不断给黑方造成"麻烦"。

28. ……　　　卒5进1　　29. 兵五进一　……

兑兵不好，红方宜走炮二进一，车2进6，帅五进一，炮1退5，炮二平五，车2退5，炮五平九，卒1进1，马三进五，红方平稳。

29. ……　　　车2平8　　30. 炮二平三　车8平5

31. 兵五进一　车5进1　　32. 炮三平二　……

红方等于白损失两着棋。

32. ……　　　象7退9　　33. 车六平九　炮1平2

34. 车九平八　炮2平1　　35. 车八进三　象9退7

36. 炮二退三 ……

退炮谋势的选择，以后通过炮二平五控制中路，再利用红车的牵制，谋取攻势。

36. …… 卒 1 进 1

37. 车八平七 马 3 进 1

38. 车七平八 卒 1 进 1

贪攻心切，不如士 5 退 4 更稳健一些，可以少一些不必要的麻烦。

39. 炮二平五 车 5 平 3

40. 相五进七 车 3 平 5

41. 相三进五 车 5 平 4

42. 马三进五 士 5 进 6

就棋而论，黑方支士不如象 5 退 3 更稳健。

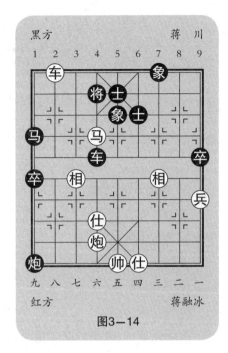

图3—14

43. 马五进六 士 6 进 5　　44. 相五进三 将 5 平 4

45. 车八进三 将 4 进 1　　46. 炮五平六 ……（图3-14）

错失一击必胜的机会。应走马六进八，将 4 进 1，炮五平六，马 1 进 3，马八退七，象 5 进 3，炮六进四，红方净多一车，胜定。

46. …… 车 4 平 5　　47. 仕六退五 士 5 进 4

48. 车八平五 车 5 平 4　　49. 马六进八 马 1 退 3

50. 炮六进一 炮 1 退 3

红方攻势完全化解，并伏有炮 1 平 5 的反击手段。

51. 相七退五 ……

忙中出错，应走帅五平六，炮 1 平 5，车五平七，双方战线较长，退相后，被黑方得子，认负。

51. …… 车 4 进 3

黑胜。

第8局 广东 黄海林 先胜 河南 党斐
仙人指路对卒底炮

1. 兵七进一　　炮2平3

2. 炮二平五　　象3进5

3. 相七进九　　马8进7

4. 兵三进一　　车9平8

5. 马二进三　　炮8平9（图3-15）

平边炮亮出左车着法明快。除此之外，黑方还可马2进1，两翼均衡出动子力。以下炮八平六，车1平2，马八进七，炮8平9，马七进六，士4进5，车九进一，车8进4，双方大体均势。

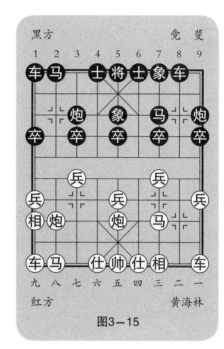

图3-15

6. 马八进六　　马2进1

7. 炮八平七　　士4进5

8. 车九平八　　车8进4

9. 车一平二　　车8平4

10. 马六进四　　卒1进1

进边卒不如车4进3先捉炮，待车八进二后（车八平七，车4退3），车1平2邀兑红车简化局面。

11. 车八进七　　炮3平4　　12. 仕四进五　　马1进2

13. 炮七进四　　……

上一着黑方进马困车用心良苦，红方炮打3路卒亦是坚决。

13. ……　　　卒1进1

可以考虑走卒7进1活通7路马，以下马三进四，车4平6，兵三进一，象5进7，兵七进一，车6平3，前马进三，炮4平5，双方对峙。

14. 马四进五　　卒5进1　　15. 兵七进一　　车4进1（图3-16）

换马是不可避免的结果，但是不宜让红车轻易获得好位置。可以考虑马2退3，车八平七，车4进1，炮七平四，卒5进1，炮五进二，马7进5，车七退一，马5进3，车七退一，车4平5，兵五进一，象5进3，黑方足可抗衡。

16. 车八退二　　卒5进1

17. 兵五进一　　卒1进1

18. 兵五进一　　卒1进1

19. 马三进五　　……

进兵继续加强攻击力量，黑方防守压力很大。

19. ……　　　炮9进4

20. 兵五平六　　卒1平2

21. 车八退三　　车4进1

22. 马五进四　　……

红方跃出后，中炮的控制力显示出来。此时，红方虽然没有发动进攻，但是子力控制要津，发动最后一攻已是箭在弦上。

22. ……　　　卒7进1

23. 炮七平六　　车4平6

24. 炮六平三　　马7进5　　25. 马四进五　　车6退4

26. 兵六进一　　……

进兵是压垮黑方的最后一根稻草。

26. ……　　　炮9平5　　27. 兵六进一　　马5进4

28. 车二进三　　炮5退3　　29. 车二平六

黑方认负。

第9局　江苏 程鸣　先负　杭州 王天一
仙人指路对卒底炮

1. 兵七进一　　炮2平3　　2. 炮二平五　　象3进5

3. 仕六进五　　……

形成仙人指路对卒底炮的阵势。红方补仕，是 20 世纪 80 年代末 90 年代初流行的走法。也可改走马二进三，迅速出动强子。

3. ……　　　马8进7　　4. 马二进三　　卒7进1

抢挺 7 卒，可避开红方两头蛇的变化。如改走车9平8，则红兵三进一，炮

8平9，炮八平六，马2进1，马八进七，车1平2，马七进六，形成另一种阵势，红方仍有先行之利。

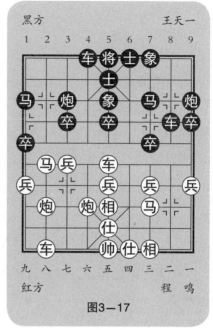

图3—17

5. 车一平二　车9平8

6. 车二进四　……

红车巡河乃攻守兼备之着。如径走车二进六，则略显轻率。

6. ……　士4进5

7. 马八进七　炮8平9

8. 车二平四　马2进1

9. 马七进八　车1平4

平车稳健，实战中也有车8进6左车过河的下法，以下炮八进一，车1平4，兵九进一，车4进4，双方很容易形成短兵相接的局面。

10. 车九平八　卒1进1　　11. 炮五平六　马7进8

12. 车四平二　马8退7　　13. 车二平五　车8进3

高车守住中卒，下着准备马7进6，防守层次清晰。

14. 相七进五　……（图3—17）

先飞相是程鸣特级大师准备的一把飞刀。常见的走法是车五平四，车4进4，相七进五，马7进6，兵七进一，车4平3，车八平七，车3进5，相五退七，马6退7，马八进六，炮3平4，炮六进五，士5进4，马六进四，红方稍优。

14. ……　马7进6　　15. 车五平四　车4进4

16. 炮八平九　炮9平6　　17. 车四平五　马6进7

18. 车五平四　马7退6　　19. 车四平五　卒5进1

20. 车五平一　卒9进1

弃卒好棋，引离红车，红方不得不多花一着棋才能回到巡河线。黑方利用这个时间差，平车牵制红方八路线上车马。如不走卒1进1，直接走车4平2，则兵七进一，卒3进1，红方有炮六平八的棋，黑方反而不利。

21. 车一进一　车4平2　　22. 车一退一　马6进7

23. 车一平六　炮3退2　　24. 兵七进一　卒3进1

25. 炮六平八　卒3进1

26. 车六平七　车2平3

27. 车七进一　象5进3

28. 车八平六　……

可以考虑炮九进三打过去,以下象7进5,炮九平五,车8平5,炮八进一,车5进1,炮八平三,红多兵稍好。

28. ……　　　车8进2

29. 马八退七　炮3进7

30. 炮九平七　车8平2

31. 炮八退二　……（图3—18）

红方阵形被压缩,黑方已经具备攻击的可能。不如炮八平九,炮6进6,炮七平六,车2进3,炮六进一,马7进5,车六进二,车2进1,仕五退六,马5进7,车六退一,炮6退2,车六平三,炮6平4,马三进四,红方足可抗衡。

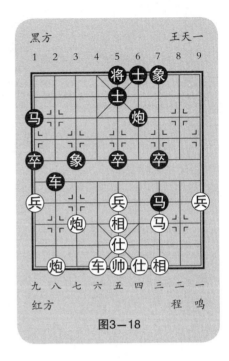

图3—18

31. ……　　　炮6进6　　32. 炮八平七　马7进5

33. 车六进二　马5退7　　34. 炮七进五　……

双方各失一相(象),但是红方子力分散,失相受攻的概率更大。

34. ……　　　象7进5　　35. 前炮退二　卒7进1

36. 炮七退二　炮6平8　　37. 炮七平三　……

不得不交换,否则马7进9,红方更不好应对。

37. ……　　　卒7进1　　38. 马三退一　炮8退4

39. 炮七进三　车2平7　　40. 车六平二　炮8平9

41. 相三进一　车7退1　　42. 兵一进一　炮9退1

43. 车二进四　炮9进4　　44. 车二平九　马1退3

45. 帅五平六　车7进1　　46. 仕五进六　车7平3

红方如续走炮七进五,则车3退4,仕六退五,车3平4,帅六平五,炮9平5,仕五进四,车4进7,黑方捉死红马,至此,红方投子认负。

第10局 成都 赵攀伟 先胜 河南 武俊强

对兵局

1. 兵七进一　　卒7进1

2. 马八进七　　马8进7

3. 马二进一　　象3进5

4. 炮二平三　　马7进8

四个回合后，双方心照不宣，脱谱形成散手布局，有意较量中残局力量。

5. 炮八平九　　马2进3

6. 车九平八　　车1平2

7. 车一进一　　车9进1

8. 车一平四　　……（图3-19）

平车两翼均衡出动子力，符合棋理。红方也可以车八进六左车过河，以下车9平4，炮九进四，车4进3，相七进五，卒9进1，车一平四，马8进9，炮三平二，士4进5，车四进三，大体均势。

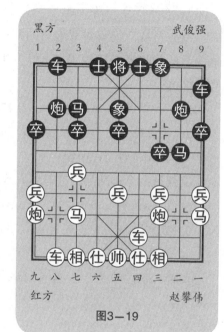

黑方　　　　　　　武俊强

红方　　　　　　　赵攀伟

图3-19

8. ……　　　　炮2进4　　　9. 车四进六　　炮8平7

10. 兵一进一　　……

无论是上一着车四进六，还是这一着兵一进一，红方布局阶段积极主动的意图非常明显。

10. ……　　　　车9平4　　　11. 相七进五　　士4进5

12. 车四退三　　马8进7　　　13. 仕四进五　　车4进3

14. 车四平六　　车4平2　　　15. 马一进三　　……

交换必然，如马一进二，则炮7平9，红方边兵成为黑方突破点，以后有炮9进3强行打边的手段，红方局面要稍亏一些。

15. ……　　　　炮7进4　　　16. 兵五进一　　炮7平3

17. 炮三平一　　卒3进1　　　18. 兵七进一　　前车平3

19. 仕五退四　　……

双方攻守的重心在红方左翼,退仕预防性战术选择,以后仕六进五协调阵形。

19. ……	车 3 平 4	20. 车六平七	车 4 平 3
21. 车七进一	象 5 进 3	22. 炮一进四	象 3 退 5
23. 炮九进四	炮 2 进 2	24. 炮九平七	炮 2 平 3
25. 车八进九	马 3 退 2	26. 兵一进一	……

双方形成双炮马对双炮马的残局,红方两个边路虽然位置较差,但是两个通头兵的优势还是比较明显,红方也正是充分发挥双边兵的作用,步步向红方阵地推进。

26. ……	马 2 进 3	27. 仕六进五	马 3 进 1
28. 兵五进一	马 1 进 3	29. 炮七退三	炮 3 退 2
30. 兵五平四	……		

又保留一个过河兵,这对黑方威胁又增加不少。

30. ……	马 3 进 4	31. 兵一平二	象 7 进 9
32. 兵九进一	卒 5 进 1	33. 兵四平五	马 4 退 5
34. 马七进五	……		

交换以后,红方不仅盘活七路马,而且不给黑方反扑的机会,红方优势进一步扩大。

34. ……	炮 3 退 3
35. 马五进六	炮 3 平 4
36. 仕五进六	马 5 进 6
37. 仕四进五	卒 7 进 1
38. 炮一平五	卒 7 进 1

红兵虽慢,但威胁巨大,黑方要想成功防守,必须发挥 7 路卒的作用,如果没有 7 路卒,红方在理论上是例胜的局面。

39. 兵九进一	象 9 退 7
40. 兵九平八	马 6 退 4
41. 兵八进一	炮 4 退 2
42. 炮五退二	马 4 进 2
43. 兵八平七	卒 7 平 6
44. 兵二进一	马 2 退 1 (图3—20)

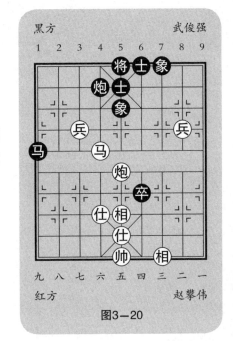

图3—20

退马失去谋和机会。可以考虑炮 4 进 6，红方必然不会仕五进六交换而走兵二平三，再炮 4 退 2，帅五平四，将 5 平 4，兵七进一，炮 4 进 3，红方缺仕，互有顾忌。

45. 兵七进一　炮 4 进 2　　46. 兵二平三　马 1 进 2

47. 马六进八　马 2 进 3　　48. 帅五平四　炮 4 进 2

49. 兵七进一　将 5 平 4　　50. 兵三进一　……

黑方现在马、炮、卒的位置对红方没有大的威胁，红方抓紧时间进攻。

50. ……　　　炮 4 退 2　　51. 马八退六　马 3 退 2

52. 兵三进一　象 7 进 9　　53. 炮五平二　象 9 退 7

54. 炮二进五　将 4 平 5　　55. 兵三平四　马 2 退 3

56. 兵七平六　炮 4 平 5　　57. 马六进四

红方伏有兵四进一再马四进三的杀棋，黑方认负。

第 11 局　湖南 庄玉庭　先负　浙江 赵鑫鑫
飞相对左士角炮

1. 相三进五　炮 8 平 6

以士角炮应飞相局，是近年来较流行的下法。主要特点是阵形严整，适宜打持久战。

2. 马二进三　……

红方进右正马，加速调动右翼子力，是对付左士角炮的主要走法。

2. ……　　　马 8 进 7

3. 车一平二　车 9 平 8

4. 马八进七　马 2 进 3

5. 兵七进一　车 8 进 4

双方转换成先手屏风马对后手反宫马的对局。

6. 炮二平一　车 8 进 5（图 3—21）

兑车稳健，如车 8 平 4，则车二进四，

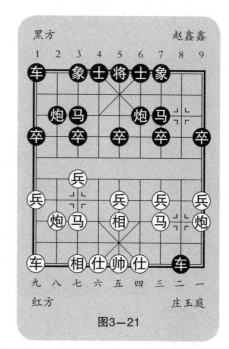

图 3—21

车 1 进 1，车九进一，卒 7 进 1，兵三进一，马 7 进 6，兵三进一，马 6 进 7，炮一退二，炮 6 进 5，炮一平三，炮 2 进 4，双方子力互缠，攻守复杂。

　7. 马三退二　　车 1 进 1

　8. 马七进六　　卒 7 进 1

　9. 炮八平六　　车 1 平 8

　10. 马二进三　　炮 2 进 3

进炮打马，必要顿挫手段。

　11. 马六进七　　炮 2 进 1

　12. 兵三进一　　卒 7 进 1

　13. 相五进三　　马 7 进 6

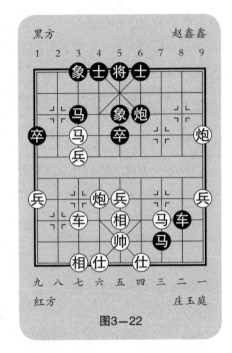

图3—22

黑方 7 路马顺利跳出来，形成马前炮后的最佳棋形，双方形成均势的局面。

　14. 车九平八　　炮 2 平 3　　　15. 兵七进一　　车 8 进 5

　16. 车八进三　　……

上一着黑方车 8 进 5 准备马 6 进 5，马三进五，车 8 平 5 打通中路，以后再炮 3 平 9 与红方展开对攻。因此，红方进车捉炮，也是必走之着。

　16. ……　　　　炮 3 进 1　　　17. 相三退五　　马 6 进 4

　18. 车八平七　　象 7 进 5　　　19. 炮六进一　　马 4 进 6

　20. 车七退一　　马 6 进 7　　　21. 帅五进一　　车 8 进 1

　22. 炮一进四　　……（图3—22）

炮打边卒让黑方逃过一劫，红方冷静的走法是相五退三，炮 6 平 8，帅五平六，马 7 退 9，相三进一，象 5 进 3，炮六平七，士 4 进 5，车七平六生根后，再马三进四，红方占优。由此可见，黑方第 19 回合，马 4 进 6 弃子抢攻的计划并不成立。

　22. ……　　　　车 8 平 7　　　23. 炮六退二　　炮 6 平 8

　24. 炮一平二　　马 7 进 9　　　25. 兵七平六　　车 7 退 1

　26. 兵六进一　　士 6 进 5　　　27. 车七进二　　马 9 退 8

　28. 车七平四　　……

可以考虑帅五退一更安全一些。

28. ……　　　车7平5　　29. 马七退六　卒5进1

30. 马六进四　车5平4　　31. 马四退二　车4退3

32. 炮二退四　炮8进5

双方交换以后，红方子力位置分散，黑方满意，由此也看出第28回合，红方帅五退一的重要性。

33. 马二退四　炮8退1　　34. 车四平二　炮8平1

35. 马四进五　炮1平5　　36. 相五退三　车4平5

37. 马五退七　炮5退1　　38. 马七退六　炮5退1

39. 马六进七　……

不如帅五退一，以后车二进一，红方更好控制局面。

39. ……　　　炮5平3

平炮闪击，抓住局面的要点，由此，黑方掌控局势发展的主动权。

40. 相三进五　炮3进5　　41. 车二进五　士5退6

42. 车二退六　……

失误，无论如何也要车二退四控制黑马，以下炮3平6，车二平四，炮6平8，炮六平七，马3退1，车四平八，士4进5，兵一进一，红方足可抗衡。

42. ……　　　炮3平6　　43. 车二平四　炮6平8

44. 帅五平四　士4进5　　45. 车四平二　炮8平7

46. 车二平六　炮7退8　　47. 车六进三　车5进4

吃相以后，红方无防可守，只能疲于应付。

48. 车六平四　马3进2　　49. 马七进八　车5平4

50. 炮六平五　将5平4　　51. 车四退一　马2进3

52. 马八退七　车4进2　　53. 车四退二　车4退4

54. 马七进八　马3退5　　55. 炮五进一　车4进3

56. 帅四退一　车4退1　　57. 车四平五　马5退6

58. 帅四平五　马6进7　　59. 车五进三　马7进6

60. 帅五平四　炮7平6　　61. 车五平四　马6进8

红方必失一子，投子认负。

2021全国象棋个人赛精彩对局解析

第12局 河南 党斐 先胜 厦门 郑一泓
中炮先锋马对屏风马

1. 炮二平五　马8进7

2. 马二进三　卒7进1

3. 兵七进一　马2进3

4. 马八进七　车9平8

5. 马七进六　……

红方更是连行两步蹬出一匹先锋马雄踞河口，战意十足。

5. ……　　　象3进5

6. 炮八平六　车1平2

7. 车九平八　炮8进4（图3-23）

左炮过河威胁中兵是一路冷门的变化。常见走法是炮2进6封压红方左车，以下马六进七，士6进5，炮六平七，炮2平3，车八进九，马3退2，车一平二，炮8进4，兵五进一，红方稍好。

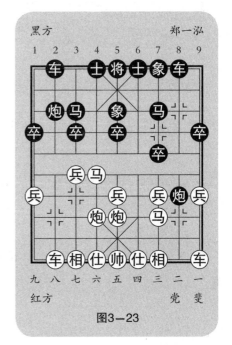

图3-23

8. 炮五退一　炮2进5　　9. 炮五平二　车8平9

10. 相三进五　车9进1　　11. 炮二平七　车9平2

继续贯彻封锁红方左车的意图。

12. 车一平二　炮8退2　　13. 马六进七　车2平4

14. 马七进五　……

稳健的走法是炮六进二,车4进2,炮七进一,炮2退1,车二进四,红方稍好。

14. ……　　　象7进5　　15. 炮七进六　象5退7

退象示弱,宜走车4进1,炮六平七,士4进5,后炮退一,车2进4右车生根,黑方阵形更灵活。

16. 炮六平七　车4进7　　17. 车二进四　士4进5

18. 后炮进一　卒7进1

黑方7路马的防守压力较大,弃卒准备活通8路马。

19. 兵三进一　炮 8 平 5

20. 马三进四　马 7 进 6

21. 车二退一　车 4 退 3

退车捉马是当前局面下最为顽强的防守方案。

22. 兵三进一　炮 5 平 7

23. 车二平四　炮 2 退 1

还有应先走车 2 进 4 摆脱牵制为宜。

24. 仕四进五　卒 5 进 1（图3-24）

败着。黑方可以考虑炮 7 进 5，以下车八进二，炮 7 平 9，后炮退二，卒 5 进 1，马四退二，车 4 退 5，要比实战顽强。

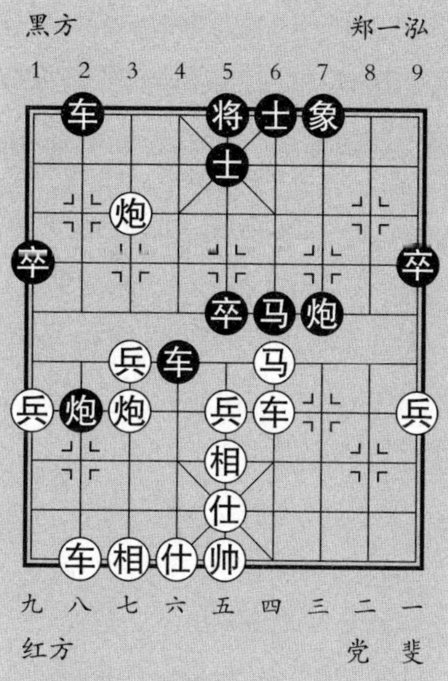

黑方　郑一泓
1 2 3 4 5 6 7 8 9
九 八 七 六 五 四 三 二 一
红方　党 斐

图3-24

25. 马四退二　炮 7 进 2

26. 车四进二　炮 7 平 3

27. 炮七退四　车 4 进 1　　28. 炮七退一　车 4 平 5

29. 马二退四　卒 5 进 1　　30. 马四进三　车 5 平 7

31. 马三进四　车 2 进 2　　32. 兵七进一　……

红方不仅多占一子，七兵又借机过河，黑方败局已定。

32. ……　车 2 平 6　　33. 兵七进一　象 7 进 5

34. 兵七平六　象 5 退 3　　35. 马四进六　车 6 平 4

36. 兵六进一　士 5 进 4　　37. 车四平七

黑方认负。

第 13 局　杭州 王天一　先胜　成都 郑惟桐

对兵局

1. 兵七进一　卒 7 进 1　　2. 相三进五　马 2 进 1

3. 马八进七　象 7 进 5　　4. 车九进一　车 1 进 1

起横车是针锋相对的选择，实战中还有马 8 进 7 的走法，以下车九平三，车 1 进 1，兵三进一，卒 7 进 1，车三进三，炮 8 退 2，炮二进四，炮 8 平 7，炮二平三，车 1 平 4，马二进三，红方先手。

5. 车九平四　马8进7

6. 车四进三　车1平4

7. 马二进四　……（图3—25）

保持阵形的灵活，如马二进三，则车4进3黑车巡河后，红方还要通过兵三进一活马，黑方可续走士6进5，仕四进五，卒1进1，双方对峙。进拐马以后，红方可以车一平三出相位车，快速出动大子，阵形的灵活度更大。

黑方　　　　　　郑惟桐

图3—25

红方　　　　　　王天一

7. ……　　士6进5

8. 车一平三　车9平6

9. 车四进五　士5退6

10. 兵三进一　车4平6

捉马的同时支援左翼，稳健。

11. 马四进六　卒7进1　　12. 车三进四　车6进6

13. 炮二退二　马7进6　　14. 仕四进五　车6平8

借兑炮之机，调整阵形，老练。

15. 炮二进七　炮2平8　　16. 车三平四　车8退3

保马是正确的选择，如果走马6进8强攻，则炮八进四，卒5进1，相五退三，炮8平9，炮八退三，黑方进攻路线都被红方封锁，难有作为。

17. 马七进六　马6进4　　18. 车四平六　炮8平9

19. 兵一进一　卒5进1　　20. 兵九进一　车8进5

21. 仕五退四　车8退3　　22. 炮八平九　……

平稳局面下，双方互谋兵卒，为残局积蓄力量。

22. ……　　车8平5　　23. 炮九进四　士6进5

24. 车六平二　车5平9　　25. 兵九进一　车9退1

26. 车二进三　……

显然不能兑车，否则黑方有了纠缠的资本。

26. ……　　炮9退1　　27. 兵九平八　炮9平6

28. 车二退一　车9进1　　29. 兵八进一　车9平1

30. 兵七进一　……

弃兵活马，利用黑车未能及时回防的弱点，加强进攻力量。

30. ……　　　　象 5 进 3

31. 马六进七　　车 1 退 1

32. 马七进五　　马 1 退 3

33. 车二平七　　车 1 平 2

34. 车七退一　　……

放弃红兵换取黑象，撕开黑方防守阵线，代价虽大，但是效果很好。

34. ……　　　　车 2 退 2

35. 炮九退五　　车 2 平 5

36. 马五退三　　象 3 进 5

37. 车七平四　　炮 6 退 1

38. 炮九平二　　车 5 平 7

39. 炮二平三　　车 7 平 3

40. 车四进三　　车 3 平 5　　41. 炮三平二　　炮 6 平 7（图3-26）

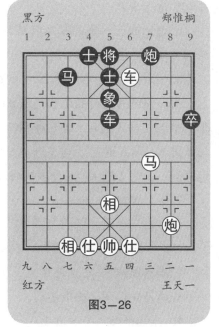

图3-26

宜走炮 6 平 8 防守更为严密。以下马三进四，炮 8 进 6，仕四进五，马 3 进 4，帅五平四，士 5 进 6，车四退一，马 4 进 5，马四退二，士 4 进 5，车四退三，炮 8 平 4，黑方仍有抗争的机会。

42. 马三进四　　士 5 进 6　　43. 车四退一　　士 4 进 5

44. 车四进一　　将 5 平 4　　45. 炮二进五　　车 5 进 3

46. 车四平五　　车 5 平 6　　47. 马四进三

黑方认负。

第 14 局　浙江 徐崇峰　先胜　成都 李少庚

五六炮对屏风马

1. 炮二平五　　马 8 进 7　　2. 马二进三　　车 9 平 8

3. 车一平二　　马 2 进 3　　4. 马八进九　　卒 7 进 1

红方上边马，均衡出动子力，带有"短平快"的韵味，是当前最为流行的攻法之一。黑方挺卒制马，是对付红方类似阵形的惯用手段，具有典型意义。

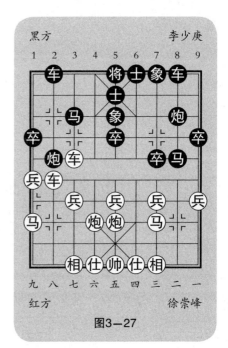

5. 炮八平六 ……

平炮形成五六炮的基本阵势。此布局的特点是红方左右两翼布子均匀，欲与对方斗中后盘的力量。

5. …… 车1平2 6. 车九平八 炮2进4

另一路颇为盛行的走法是炮8进4,车八进六,士4进5,仕四进五,象3进5,车八平七,马3退4,炮五进四,马7进5,车七平五,炮2进5,相三进五,马4进3,车五退二,马3进4,车五平六,马4进2,马三退一,炮8进2,炮六退一,炮2进1,红方多兵略优，但局势平稳，较易成和。

7. 车二进四 ……

红方右车巡河，稳健之着。

7. …… 士4进5 8. 兵九进一 炮2退2

9. 车八进四 马7进8

先跳外面打车，积极主动。

10. 车二平七 卒3进1 11. 车七进一 象3进5（图3-27）

飞右象虽然阵形工整，但是不如象7进5更有反击力。以下车七进一，炮2平3，马三退五，车2进5，马九进八，马8进7，以后有炮8进5的机会，黑方反击更为迅速。

12. 车七进一 马8进7

黑方失去炮2平3的反击机会，只能进马活通左翼子力。

13. 仕六进五 炮8平7

14. 炮五进四 车8进3

进车被利用，不如马3进5实在，以下车七平五,炮2退2,炮六平八,车8进8,黑方局部有反击手段，足可抗衡。

15. 炮五平三 炮7平6

16. 炮六平七 马7退6

17. 兵五进一 车8进3

18. 兵五进一 ……

进兵欺马，红方的推进速度很快，黑方已然不好应对。

黑方 李少庚

红方 徐崇峰

图3-27

2021全国象棋个人赛精彩对局解析

18. ······	马6进5
19. 马三进五	车8平5
20. 兵五平四	车5平6
21. 兵四平五	车6平5
22. 兵五平四	炮6平8
23. 炮七平五	卒7进1
24. 兵四进一	······（图3—28）

进兵准备切断黑炮与黑马之间的联络。

24. ······	车5平6
25. 兵四进一	炮2平5
26. 车七进一	车2进5
27. 马九进八	炮8进7
28. 帅五平六	车6退3
29. 车七退一	车6进2

30. 车七退二	车6进1	31. 车七平六	车6退3

32. 兵四平五	······

弃兵吃象，红方一锤定音。

32. ······	象7进5	33. 炮三进三

以下象5退7，则车六进五，红方成杀。

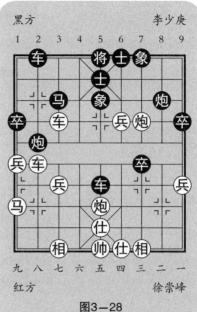

黑方　　　　　李少庚

图3—28

红方　　　　　徐崇峰

第15局　江苏 程鸣　先胜　北京 蒋川
仙人指路对卒底炮

1. 兵七进一	炮2平3	2. 相三进五	······

常见走法是炮二平五，也可能考虑到蒋川特级大师的战斗力超强，所以出于战略战术原因，避其锋芒选择了飞相的变例。

2. ······	马2进1

黑方立即跳马屯边，尽快亮出右车，反应迅速，符合逻辑。

3. 马八进七	炮8平5

平中炮进行反击，并可加快左翼出子速度，一着两用。

4. 马七进八	······

放弃中兵，进马封车，绵里藏针！

4. ……　　　　　炮 5 进 4

5. 仕四进五　　　炮 5 退 1

6. 马八进九　　　炮 3 退 1

7. 兵九进一　　　车 1 平 2

8. 车九进三　　　车 2 进 3

9. 兵九进一　　　……

冲兵过河，既限制了黑方 2 路车的落点，又增加了进攻的力量，一举两得。

9. ……　　　　　卒 3 进 1

10. 车九平五　　　……

先手捉炮，积极主动。此外，红方还有炮八平七平的走法，以下卒 3 进 1，兵九平八，车 2 平 4，炮七进六，马 1 退 3，炮二进二，卒 3 平 4，马二进三，卒 5 进 1，黑方易走。

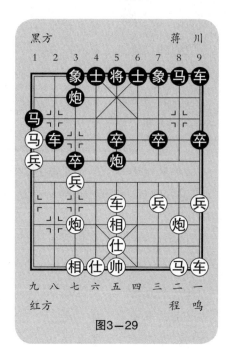

图3-29

10. ……　　　　　炮 3 平 5　　　11. 车五平七　　　炮 5 平 3

12. 炮八平七　　　炮 5 退 1　　　13. 车七平五　　　……（图3-29）

平中车效率不高，不如车七平九，保留过河兵，以下炮 3 进 4，帅五平四，炮 3 平 4，炮七进七，士 4 进 5，马二进四，红方更易掌控局面。

13. ……　　　　　炮 5 平 1　　　14. 兵七进一　　　车 2 平 1

15. 兵七平八　　　炮 1 进 5　　　16. 炮七进七　　　士 4 进 5

17. 车五平八　　　……

红方弃掉边马，换取攻势。但是，这个攻势仅靠现有车、炮、兵三子是不够的，后续子力能否及时跟进成为红方保持攻势的要点。

17. ……　　　　　车 9 进 2

高车防守的佳着。

18. 兵八进一　　　车 1 进 1　　　19. 兵八进一　　　马 1 进 2

20. 兵八进一　　　炮 3 进 2　　　21. 马二进三　　　炮 3 平 2

22. 车八平四　　　车 9 平 3

黑方子力全部防守到位，红方攻势不仅被化解，左翼又成为黑方重点打击目标。

23. 炮七平四　士5退6　　24. 车一平四　马8进7

25. 前车进二　炮2平4

伏有炮4进5再车3进7的手段。

26. 马三进五　炮4进3　　27. 后车进四　……

准备抢到后车平八的先手。

27. ……　　炮1退3　　28. 炮二进五　……

上一着黑方没有选择马2进1，而退炮打马等于给红方反击的机会，红方此时又急于求战，错失良机。红方应走马五进三，车3平2，后车平七，卒7进1，车四平三，车1退4，车七平八，炮1平7，车三平八，车2进2，车八进一，红方少子但攻势猛烈，黑方要疲于应付。

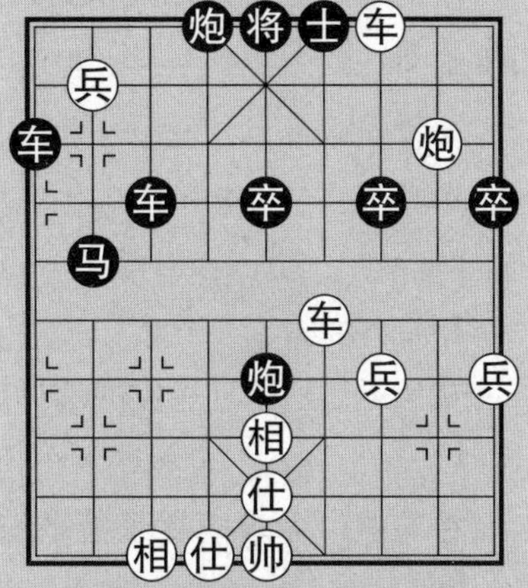

28. ……　　车3进1

29. 车四进二　炮1平5

30. 前车平三　炮4退6

退炮守住底线，稳定局势。双方形成互有顾忌的局面。

31. 车三进二　车1退2（图3-30）

黑方形势已然大亏，曾有棋手指出：炮4平3，相七进九，马2进4，炮二进二，车1平8，车三平四，将5进1，后车进四，将5进1，帅五平四，车8进5，帅四进一，马4进5，后车退五，车8退3，帅四进一，车8进1，帅四退一，车8退1，黑方可以谋和。其时这也是不对的，因为黑方车8进1是将，车8退1是杀，一将一杀黑方也要变着，仍是败势。

32. 炮二进二　车1平8　　33. 车三平四　将5进1

34. 车四进四　将5进1　　35. 前车平五　将5平4

36. 车五平六　将4平5　　37. 帅五平四　……

不给黑方车8进7叫将兑车的机会。

37. ……　　车3平4　　38. 车六平四　炮5平1

图3-30

黑方　　　　　　　蒋川

红方　　　　　　　程鸣

39. 相五退三　炮1退4　　40. 前车平五　将5平4

41. 车五平六　将4平5　　42. 车六平五　将5平4

43. 车四平五

黑方认负。

第16局　浙江 赵鑫鑫　先胜　山东 李翰林
仙人指路对左中炮

1. 兵七进一　炮8平5

以还中炮对抗"仙人指路"，是一种强硬的应法，其作战意图是以攻为守，力争主动。

2. 马二进三　……

先进右马，以利抢先出车，窥视黑方左翼子力，有进炮封车的变化。

2. ……　马8进7　　3. 车一平二　车9平8

4. 马八进七　……

左马正起是一种稳健的选择。

4. ……　马2进1

右马屯边力求两翼子力平衡发展，别具一格。

5. 相三进五　炮2平4

6. 炮二进二　车8进4

7. 车九进一　……（图3-31）

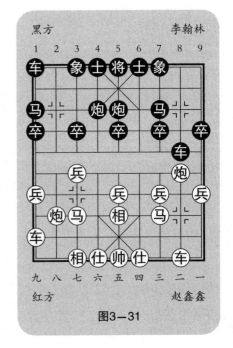

图3-31

高车正确，如此时红方直接走马七进八则定型过早，黑方可以车1进1，车九进一，车1平6，仕六进五，士4进5，车九平六，车6进5，车六进五，车6平7，炮二退三，车7平6，双方大体均势。

7. ……　卒3进1

8. 车九平六　士4进5

9. 兵七进一　车8平3

10. 马七进八　卒7进1

11. 车六进四 ……

兑车是红方当前面局面下最佳的切入点。

11. ……　　　　车3平4　　　12. 马八进六　炮5平6

平炮调形正确，如车1平2，则炮二平八，车2平1，车二进四，红方大优。

13. 仕四进五　象3进5　　　14. 车二平四　车1平3

15. 马六退八　……

机警，防止车3进4提死马。

15. ……　　　　马1进3

16. 马八进七　车3进3

17. 车四进六　炮4进1

18. 车四退二　车3平2

19. 炮八平九　炮4平3

20. 兵九进一　卒9进1

21. 炮二退三　……

双方相互试探一番后，红方决定退炮，在三路线上进行突破，打乱黑方的"铁桶阵"。

21. ……　　　　马7进8

22. 兵三进一　卒7进1

23. 车四平三　炮3进1

24. 炮二平三　炮3平7

25. 车三平二　炮7进4（图3-32）

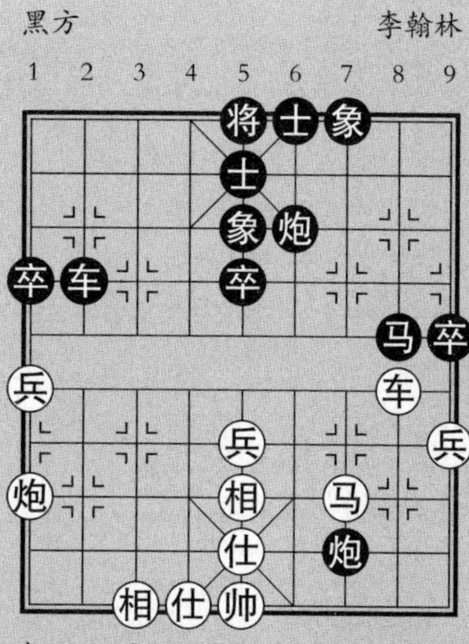

图3-32

急于简化局面，正合红方意愿。黑方稳健的选择是马8退7，炮三平四，炮7平3，车二平六，马7进6，车六进一，马6进7，炮四平三，马7进9，炮九退一，炮3进3，相五退三，马9进7，炮九平三，车2进2，双方仍是均势。

26. 车二进一　炮7平6　　　27. 车二平一　车2进2

28. 车一退一　车2退1　　　29. 车一平四　前炮平8

30. 车四平二　炮8平6　　　31. 炮九进四　……

红方取得净多兵的物质优势，并且兵种占优，黑方由此陷入苦守。

31. ……　　　　后炮平7　　　32. 车二退三　炮6退2

33. 车二进五　车2平7　　　34. 马三进二　炮6平8

35. 马二进一　车7进2　　36. 车二平三　车7退3

37. 炮九平三　炮7平6　　38. 马一退二　……

形成马炮三个兵仕相全对双炮卒士象全残局，红方优势更加明显。

38. ……　卒5进1　　39. 炮三平五　炮6进3

40. 马二进三　卒5进1　　41. 兵九进一　炮6进1

42. 兵五进一　炮6平9　　43. 兵九平八　……

双方各失一兵以后，形成红方例胜局面，以下黑方又坚持多个回合，投子认负。

43. ……　将5平4　　44. 炮五平六　炮8平5

45. 马三退一　炮9平6　　46. 马一退三　炮5平1

47. 马三进四　炮1退5　　48. 兵八进一　将4平5

49. 兵五进一　炮1平4　　50. 兵八平七　士5进6

51. 马四进六　炮6平4　　52. 马六退八　士6进5

53. 炮六平二　炮4平9　　54. 兵七平六　炮9退3

55. 马八进七　将5平4　　56. 兵五进一　象5进7

57. 炮二退三　象7进5　　58. 兵五平四　象7退9

59. 兵四进一

红胜。

第17局　成都 郑惟桐　先胜　浙江 赵鑫鑫
五七炮进三兵对屏风马

1. 炮二平五　马8进7　　2. 马二进三　车9平8

3. 车一平二　马2进3　　4. 兵三进一　卒3进1

5. 马八进九　卒1进1　　6. 炮八平七　马3进2

7. 车九进一　车1进3　　8. 车九平六　象3进5

9. 车六进六　……

双方以五七炮互进三兵对屏风马边卒右马外盘河布局，此时红方车六进六的变化较为少见。常见的走法是车二进六或马三进四。

9. ……　炮2平3

平炮限车正着。如炮2平1，则车二进六，士6进5，车六平八，马2进1，炮七退一，黑方车、马、炮三子同在9路线上，棋形欠佳，红方稍好。

10. 炮七退一　……

退炮，保持阵形的灵活性，以后可以炮七平五或炮七平三，保留多重攻击手段。

10. ……　　　士6进5

11. 车六退三　马2进1

12. 车二进六　炮8平9

平炮兑车，必然。如卒1进1，则炮五平四，以后相七进五调形，红方易走。

13. 车二进三　马7退8

14. 马三进四　马8进7（图3-33）

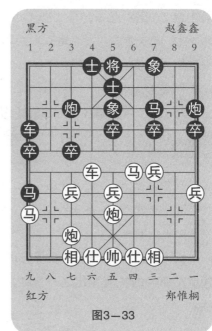

图3-33

进马保护中卒，但是又放任红方马四进六切入阵地。不如卒1进1静观其变稳一些。以下马六进四，炮3平4，马四进六，炮9平6，黑方防守严密。

15. 马四进六　炮3退1　　16. 马六进四　卒5进1

17. 车六平四　马7退8

退马示弱，不如车1平4，炮五进三，马1进3，马九进八，车4进5，马八退七，车4平3，马七退五，车3退2，黑车处于一个攻守兼顾的位置，黑方更为有利。

18. 炮七平三　炮9平6

19. 炮三进五　车1退1

此时黑方不可以走炮6进3，否则炮三平九，马1进3，炮五进三，马3退5，炮九进三，炮3退1，炮五平九，马8进7，兵三进一，红方优势。

20. 车四平六　马8进9

21. 炮三平二　马9退7（图3-34）

忽略红炮底线叫将的手段，可以考虑卒3进1，车六进四，炮6退1，车六退二，

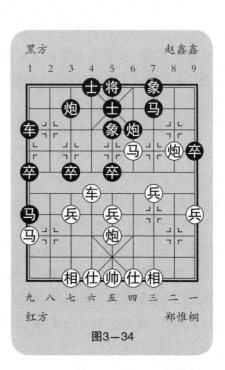

图3-34

马 1 退 2，车六退一，马 2 进 4，以后马 4 进 6，双方仍是互有顾忌。

22. 炮二进三　士 5 退 6　　　23. 车六进四

黑方认负。

第18局　河南 党斐　先胜　河北 孟繁睿
顺炮直车对横车

1. 炮二平五　炮 8 平 5　　2. 马二进三　马 8 进 7

3. 车一平二　车 9 进 1　　4. 马八进七　车 9 平 4

5. 兵三进一　……

红方以直车正马三兵攻黑方的顺炮横车，这一阵法长盛不衰，早已成为现代顺炮布局的主流变化之一。红方进三兵与左正马互相呼应，保持阵形的协调性。

5. ……　　马 2 进 3

跳正马加强中心区域的争夺，是最具对抗性的应着。

6. 兵七进一　车 1 进 1　　7. 相七进九　……

飞边相腾出七路底线，以备随时在左马一旦受攻时，可以车九平七护马，并在仕六进五后，又有车九平六兑车争先之可能，是先补一手以待敌变富有弹性之着。

7. ……　　卒 1 进 1

挺边卒，继而可牵制红边相。

8. 仕六进五　卒 1 进 1

9. 兵九进一　车 1 进 4

10. 车二进五　……（图3-35）

进车骑河，助长两头蛇的威力。也可走炮八退一，车 1 退 1，车二进六，车 4 进 7，炮八平九，车 1 平 2，车二平三，炮 5 退 1，车三退一，车 2 进 2，车九平六，车 4 进 1，仕五退六，炮 5 平 7，车三平六，象 7 进 5，马三进四，红方稍好。

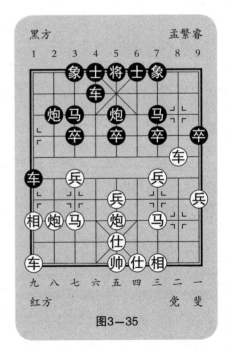

图3-35

10. ……　　　车 4 平 1

11. 炮八退一　炮 2 平 1

集中火力从边线反击。

12. 马三进四　炮 1 进 5

13. 马七退六　……

退马正着，如车九进二，则前车进 2，炮五平九，车 1 进 6，车二退三，车 1 平 2，炮八平六，炮 5 进 4，车二平五，炮 5 退 2，红方子力受牵，黑方优势。

13. ……　　　炮 1 平 2（图3—36）

兑车让红方有机会抢得先手，宜走后车平 4 保留变化，以下车二平六，车 4 平 2，车六退二，马 3 进 1，马四进五，车 2 进 6，仕五进六，车 2 退 2，对方子力互缠，红方并无先手。

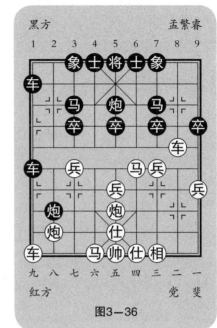

图3—36

14. 车九进四　车 1 进 4　　15. 车二平八　炮 2 平 1

16. 马四进六　马 3 进 1　　17. 炮八平九　车 1 平 3

18. 炮九进五　……

红方顺利得子，黑方难以抗衡。

18. ……　　　士 6 进 5　　19. 炮九进三　炮 5 平 4

20. 车八进四　炮 1 进 2　　21. 后马进七

黑方认负。

第19局　江苏 程鸣　先胜　河南 党斐
仙人指路对卒底炮

1. 兵七进一　炮 2 平 3　　2. 炮二平五　象 3 进 5

3. 马二进三　……

红方不顾黑方下一步进 3 卒争先之着，采取快出右翼子力的战术。以兵为代价达到快出子力的目的，是现代兵炮布局的一个特点。

3. ……　　　卒 3 进 1

进3卒争取渡河是卒底炮对仙人指路后架中炮大局体系中的主流变例之一。其特点是花了两个度数而渡一卒，并可迫使红左马屯边，得失参半。

4. 车一平二　　卒3进1

5. 马八进九　　……（图3-37）

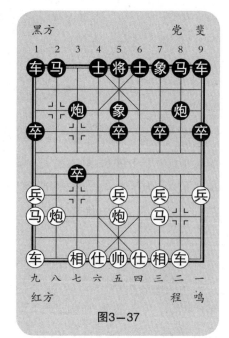

图3-37

红如改走炮八平七，则黑车9进1，车二进四，车9平2，炮七进五，炮8平3，马八进九，马8进7，车二平七，车1进2，兵三进一，炮3退2，马三进四，车2退2，车七进四，士6进5，马四进六，车2进1，马九进七，炮3进6，马六退七，车2进2，形成红方兵种占优，黑方尚能抗衡的局面。

5. ……　　　　车9进1

黑起左横车是积极应法，准备平右肋利于对攻。

6. 车九平八　　车9平4　　7. 炮五进四　　士4进5

8. 炮五平一　　……

炮轰双卒是经典主流战术。

8. ……　　　　马8进9

防止红方炮一进三下底。

9. 仕六进五　　马2进1　　10. 炮八平六　　车1平3

增加3路线上的进攻力量，伏有炮3平2，相七进五，车4进5，黑方以后可以在3路线上突破。

11. 相七进五　　炮3平2　　12. 车八进三　　……

高车好棋，一方面固守兵林线，不给黑方突破的机会；另一方面以后兵五进一，可以支援中兵过河参战。

12. ……　　　　车4进3　　13. 兵五进一　　卒1进1

14. 车八平五　　车4平9　　15. 车二进六　　……

意在保留变化，如炮六进四，则炮8平7，车二进四，卒7进1，车二进二，卒7进1，兵五进一，炮2进1，炮六退一，马1进3，炮六平一，炮2平8，后炮进二，象7进9，炮一平七，车3进3，相五进三，并换以后黑方子力活跃，黑方主动。

15. ……　　　马1进2

16. 兵五进一　马2进4

17. 车五进一　炮8平7（图3-38）

坏棋，让红方小兵欺大车，子力受困的弱点顺利解脱。黑方宜走马4退3，以下车五平七，马3进5，车七进五，象5退3，车二进一，象7进5，车二退四，车9退1，兵三进一，车9进1，黑方足可抗衡。

18. 兵一进一　……

巧手，黑方忽略的好棋。

18. ……　　　炮2进1

19. 兵一进一　炮2平8

20. 兵一平二　炮8退2　　21. 马三进五　……

黑方左翼双炮马位置太差，红方进马积极开展进攻，黑棋已经不好应付。

21. ……　　　炮7进4　　22. 相五进七　马4退3

23. 炮六平七　……

白吃一马，红方胜势。

23. ……　　　炮8平7　　24. 炮七进四　车3平2

25. 炮七平八　车2平4　　26. 相七退五　车4进6

27. 炮八平五

黑方认负。

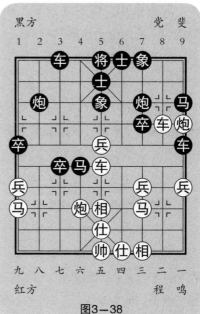

黑方　　　　　党斐

红方　　　　　程鸣

图3-38

第20局　广东 吕钦　先负　北京 么毅
中炮对单提马

1. 炮二平五　马2进3　　2. 兵七进一　马8进9

左马跳边成单提马布局，这类布局近年在全国赛上较为少见。

3. 马二进三　车9平8　　4. 车一平二　车1进1

起右横车，以后通过车1平4占肋，待机肋车巡河配合9路马行动。

　　5.马八进七　　卒9进1

　　6.马七进六　　……

急进盘河马，准备利用黑方中路防守薄弱的弱点，先弃后取打破黑方防守结构。

　　6.……　　　　车1平4

　　7.马六进五　　马3进5

　　8.炮五进四　　车4进6

　　9.炮八平九　　……（图3-39）

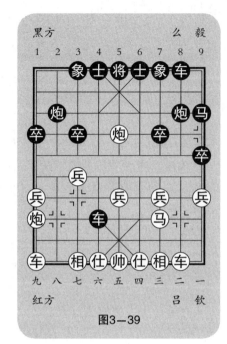

图3-39

正着。如车九进二，则炮2进3（不能车4平7，否则炮八进三，黑方失车），相三进五，车4退3，车二进六，卒1进1，炮八平七，炮8平2，车二进三，马9退8，炮五退二，前炮平5，兵五进一，双方大体均势。

　　9.……　　　　车4平7　　　　10.车九平八　　炮2平7

　　11.车二进四　　……

红方准备以空头炮为进攻核心，发动攻势。

　　11.……　　　　车7退1　　　　12.炮九平五　　车7平6

黑方防守要点在于不能让红方双车积极参战。平肋车正确选择，如车7平5，则相三进一，炮7退1，前炮退二，炮8平1，车二进五，马9退8，车八进三捉死车，红方大优。

　　13.相三进一　　车6退2　　　　14.车八进八　　炮7平4

可以考虑炮8进1弃还一子，以下前炮平二，士6进5，车八平七，象7进5，车七退二，炮7退2，化解中路危机，黑方足可抗衡。

　　15.仕六进五　　马9进8　　　　16.车二平六　　车6退2

　　17.车六进一　　马8进7　　　　18.相一退三　　……（图3-40）

当前局面，红方错失胜机。应走前炮退二，马7退5，炮五进二，炮8进7，相一退三，车8进5，车六平五，士6进5，车五进三，将5平6，车五平三，红方胜势。

18. ……　　　炮8进7

进炮抢攻，黑方夺得局面的主动权。

19. 炮五平三　　车8进8

20. 炮五退一　　车8平7

红方虽有空头炮，但是双车无法参战，黑方反击走得精准有力，胜负天平已向黑方倾斜。

21. 炮三进四　　车7平5

弃车杀仕，入局准确。

22. 炮五退四　　炮4平5

23. 炮三平五　　士6进5

24. 帅五平六　　车6进7

25. 后炮退一　　马7进6

26. 帅六进一　　炮8退1

27. 炮五进一　　马6退5

28. 炮五进一　　马5退4　　29. 车八平六　　马4进3

30. 帅六平五　　将5平6

黑方认负。

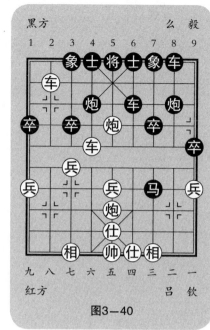

图3—40

第21局　浙江 徐崇峰　先负　江苏 程鸣
仕角炮对挺卒

1. 炮二平四　　卒7进1

黑方挺7路卒，意在限制红方右马正起，以免形成先手反宫马的理想格局。这是应付仕角炮较早而有效的一种策略。

2. 兵七进一　　马8进7　　3. 马八进七　　车9进1

4. 相七进五　　象3进5　　5. 马二进一　　车9平3

平3路车积极寻找出路，如车9平6双方容易短兵相接。红方可以选择车一平二强行出车，以下车6进6，车二进七，车6退3，车二退三，马2进1，兵一进一，士4进5，兵九进一，炮2平4，马七进八，红方主动。

6. 车一平二　　炮8平9　　7. 马七进六　　卒3进1

8. 兵七进一 ……（图3-41）

冲兵也是必走之着。如改走炮八平七，则车3平4，马六进七，车4进3，车九平八，马7进6，车二进六，卒3进1，车二平五，卒3进1，炮七退一，炮2进4，红方子力被切割开，黑方取得均势局面。

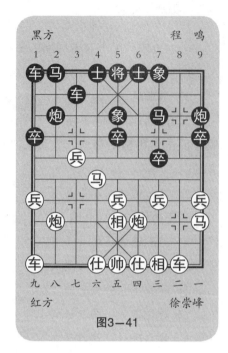

图3-41

8. …… 车 3 进 3

9. 马六退八 车 3 退 2

10. 马八退六 马 7 进 6

11. 马六进七 ……

红方连续运马，把马跳至"相尖"，这是红马最佳的位置。

11. …… 车 3 进 2

12. 仕六进五 炮 2 平 3

13. 炮八平七 车 3 平 2

14. 车九平六 车 1 进 1

大局观很强的一着棋，如果按部就班走马2进1，则车二进六，炮3进5，炮四平七，卒7进1，红方车二平五打通卒林线，红方双车占位很好，优势明显。

15. 车二进六 炮 3 进 5　　16. 炮四平七 车 1 平 4

17. 车二平一 车 4 进 8　　18. 仕五退六 马 2 进 4

19. 仕四进五 车 2 进 2

进车准备夺中兵，就棋而论也可马4进2，再马6进4进行调整，待时机成熟再车2进2更佳。

20. 兵五进一 马 6 进 5　　21. 马七退五 车 2 平 5

22. 车一退二 马 4 进 2　　23. 兵三进一 卒 7 进 1

24. 车一平三 马 2 进 3

保留变化的选择，如炮9进5，炮七平一，车5平9，兵九进一，马2进3，相五进七，局面平淡，双方易于成和。

25. 马一进三 车 5 平 1　　26. 马三进一 炮 9 进 2

27. 马一进三 ……（图3-42）

用时间紧张情况下，红方出现误算，误以为先弃后取得失子。红方正确的

2021 全国象棋个人赛精彩对局解析

选择应是车三退一，车1进1，炮七进二，马3进5，车三平六，卒5进1，车六进一，车1退1，炮七平五，卒5进1，车六平五，车1平9，马一进三，形成车马仕相全对车炮卒士象全残局，红方谋和不难。

27. ……　　　　象5进7

28. 车三进一　车1平3

平车捉炮是红方忽略的好棋，至此黑方确立多子的优势。

29. 炮七进三　炮9平3

30. 车三进一　士4进5

31. 车三平五　车3平1

32. 兵五进一　炮3进4

33. 兵一进一　卒1进1

34. 兵一进一　……

红方最佳的防守方案是双兵联手守在中路。

34. ……　　车1平7　　35. 车五平七　炮3平1

36. 兵一平二　卒1进1　　37. 兵二进一　卒1进1

38. 兵二平三　……

败着，宜走仕五退四调整阵形，以下黑方无论是炮1平9或是卒1平2，红方再走仕六进五，防守阵形更厚实。

38. ……　　车7退2　　39. 车七退三　卒1进1

40. 车七退一　炮1进1　　41. 相五退七　车7进5

破相以后，红方败势难挽。

42. 仕五退四　车7退6　　43. 车七平九　炮1平2

44. 车九平八　炮2平1　　45. 车八退二　炮1退7

46. 车八进四　车7平3

红方少相无法守和，投子认负。

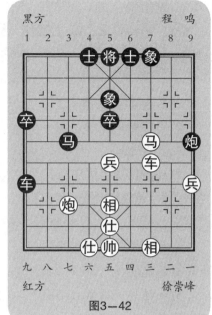

图3—42

第22局 杭州 王天一 先胜 成都 赵攀伟
仙人指路对卒底炮

1. 兵七进一　　炮2平3

2. 炮二平五　　象3进5

3. 仕六进五　　……

红补左仕既巩固中防又可避免卒底炮的锋芒，以静制动的选择。

3. ……　　　马8进7

4. 马二进三　　车9平8

5. 兵三进一　　……（图3—43）

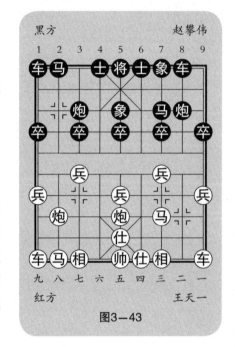

图3—43

进兵活马，是类似局面下不可忽视的重要步骤，带有势在必行的意味。如改走车一平二，则炮8进4，兵三进一（如改走他着，黑卒7进1后，红方右翼压力更大），炮8平7，马八进七，炮3进3，黑方主动。

5. ……　　　炮8进4

6. 炮八平六　　士4进5

7. 马三进四　　炮3进3　　8. 马四进六　　……

进马积极，特别是在快棋赛中积极的战略往往会取得更理想的战果。实战中红方还有一种走法是炮五平四，以下马2进3，相七进五，炮3退1，马八进七，炮3进2，车九平八，卒3进1，车一平二，炮8平7，车二进九，马7退8，车八进六，马8进7，双方大体均势。

8. ……　　　车8进4　　9. 车一平二　　车8平4

10. 车二进三　　卒7进1

挺7卒被红方利用，可以考虑卒5进1，相七进九，炮3退1，马八进七，马2进3，马七进八，车4进1，马八进七，车1平2，黑方快速出动大子，保持均势。

11. 炮五平三　　马2进3　　12. 炮六平四　　车1平2

13. 相七进五　炮 3 退 1

14. 马八进七　车 2 进 6

15. 炮三退一　……

退炮准备强攻黑方 7 路线，着法紧凑。同样是攻击黑方 7 路线，如改走炮四进一，则炮 3 进 2 兑炮，红方计划无法实施。

15. ……　　　卒 5 进 1

16. 炮四平三　卒 5 进 1（图3-44）

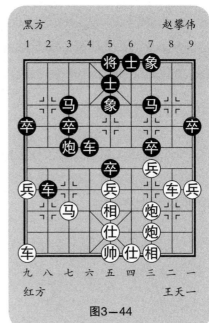

图3-44

续冲中卒，原本是想抓红车的弱点，但是红兵三进一后，进攻速度更快。此时，可以考虑马 7 进 5，兵三进一，士 5 退 4，兵三进一，卒 5 进 1，前炮进七，象 5 退 7，炮三进八，士 6 进 5，炮三平一，将 5 平 6，以后马 5 进 7 再车 2 平 8 加强左翼防守，黑方足可抗衡。

17. 兵三进一　马 3 进 5　　18. 兵三进一　马 5 进 6

19. 炮三进二　车 2 平 3　　20. 兵三进一　象 7 进 9

21. 车二平四　炮 3 进 3　　22. 炮三平五　马 6 退 5

23. 炮五进三　……

红方连消带打，突破黑方防守。

23. ……　　　士 5 进 6　　24. 车九平八　马 5 进 4

25. 车四进四　……

黑方攻击无力，防守又无法占据要点，红方胜势。

25. ……　　　车 3 平 2　　26. 车八平六　炮 3 平 1

27. 炮五退三　车 2 平 5　　28. 车四平五　士 6 进 5

29. 炮三进三　象 9 进 7　　30. 车五退一

红方胜。

第23局　杭州 王天一　先胜　江苏 程鸣

对兵局

1. 兵七进一　　卒7进1

2. 马八进七　……

顺势跃马，着法自然，如改走炮二平三,则黑方很有可能走炮2平5或炮8平5，局面相对要尖锐些。

　　2.……　　　　马8进7

双方均跳正马，相互试探，稳步推进。

3. 马二进一　　车9进1

4. 炮二平三　　卒3进1

先弃后取，借机调整9路车的位置。

5. 兵七进一　　车9平3

6. 车一平二　　车3进3

7. 马七进六　　……（图3-45）

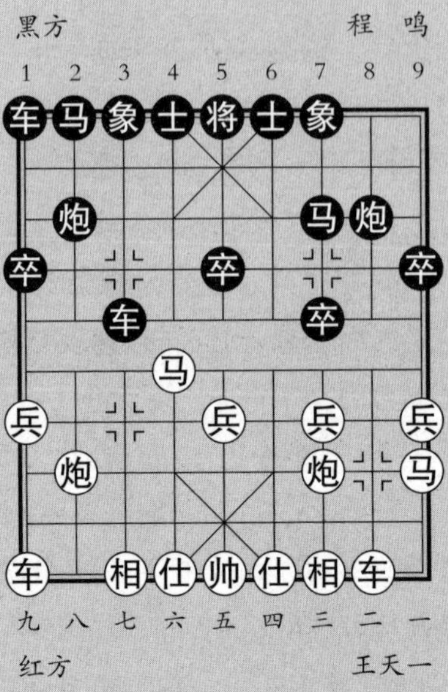

左马盘河，积极主动，如相七进五保

持阵形的厚实，则炮8平9，马七进六，炮2平5，仕六进五，马2进3，车二进六，马7进6，马六进四，车3平6，车九平七，马3进4，车二进三，炮5进4，黑方满意。

黑方　　　　　　　　　　程　鸣

图3-45

红方　　　　　　　　　　王天一

　　7.……　　　炮8平9　　8. 兵三进一　　车3平4

9. 马六退四　　炮2平5　　10. 相三进五　　……

飞相正确，不能让黑方获得空头炮的优势。

　　10.……　　　炮5进4　　11. 仕四进五　　卒7进1

12. 车二进七　　……

进车希望通过兑子简化局面，如果马四退二保持纠缠，则车4进1，炮三进五，车1进2，炮三退一，车1平4，炮八退二，后车平6，黑方弃子取势，黑方满意。

　　12.……　　　车1进2　　13. 车二平三　　车1平7

14. 炮三进五　　卒7进1　　15. 马四退三　　卒7进1

当前局面，红方多子，黑方占势，黑方需要凭借攻击来压制红方。临场冲7卒也是必走之着。

16. 炮八平三　……

红方弃还一子，减弱黑方反攻速度。

16. ……　　　车4平7　　　17. 车九平八　车7退2

18. 炮三平四　马2进3　　　19. 车八进三　马3进4

20. 炮四退二　炮9进4

抓住红方上一着的炮四退二的缓手，黑方炮打边兵后大军压境，先手继续扩大。

21. 车八进二　车7平4

平车保马求稳，但是也给红方局面松透的机会，黑方可以抓紧时间马4进6，车八平四，马6进4，炮四平三，车7平4，对攻中，黑方更快。

22. 马一进三　炮5退2　　　23. 车八进三　士6进5

24. 前马进二　炮9平3

不如炮9进2更紧凑，以下马二退四，马4进3，马四退二，马3退5，炮四进三，马5进4，帅五平四，炮5平6，马二进四，车4平8，黑方大优。

25. 马二退四　炮5进1　　　26. 马四进五　炮3进2

27. 马三进四　……

黑方盲目运子，反而把红方的棋力赶了上来，红方获利颇多。

27. ……　　　马4进3

28. 车八退六　象7进5

29. 车八平七　车4进4

30. 马四进五　车4平5（图3-46）

坏棋，宜走炮3平4，以后后马退七，炮5平9，马七进八，炮9进4，相五退三，炮9平6，帅五平四，车4平7，相三进五，车7平6，帅四平五，将5平6，黑方多卒，仍有小的优势。

31. 后马退三　车5平7

32. 车七退一　马3退4

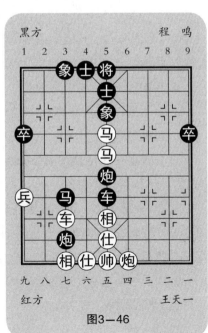

图3-46

33. 马三进二　车7退3　　34. 车七进三　炮5进1

35. 车七平二　马4进3　　36. 车二退一　马3进4

37. 马五退四

黑方见又要失子，投子认负。

第24局　浙江 徐崇峰　先胜　成都 赵攀伟
顺炮直车对缓开车

1. 炮二平五　炮8平5

2. 马二进三　马8进7

3. 车一平二　卒7进1

不出横车而先进7卒活通左马构成缓开车布局形式。顺炮缓开车布局的特点是以逸待劳,待机而动,具有灵活善变的特色。

4. 兵七进一　……

红进七兵预通马路，是常见的下法。

4. ……　　　车9进1

黑方先挺7卒，再出横车，虽无原则性错误，但感觉上，其战术衔接不够紧密。

5. 马八进七　卒3进1

6. 兵七进一　车9平3

7. 兵七进一　车3进2

8. 马七进八　……

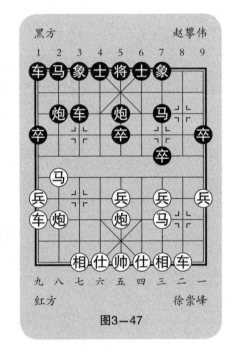

黑方　　　　　　　赵攀伟

图3—47

红方　　　　　　　徐崇峰

进马踩车是保持复杂局势的正确着法。

8. ……　　　车3退1　　9. 车九进二　……（图3-47）

进车,保留变化。如改走炮八进五,车3平2,马八进六,马2进3,马六进五,象3进5,车二进四,士4进5,兵三进一,卒7进1,车二平三,马7进6,车三平四,马6退7,车九进二,车1平4,双方大体均势。

9. ……　　　炮2进5　　10. 车九平八　车3平2

11. 车二进四　马2进3　　12. 车八平七　车1平2

13. 马八进七　……

可以考虑马八进九主动打破僵局，黑方如续走前车进1，则车七进五，前车平1，车二平四，以后再兵三进一，红方子力占位好。

13. ……　　　士4进5

当前局面黑方最大的问题，阵形左右两翼被切割，无法形成防守体系。此时，黑方宜走炮5退1，兵三进一，卒7进1，车二平三，马7进6，马三进四，炮5平3，马四进六，象3进5，黑方足可抗衡。

14. 兵三进一　卒7进1　　15. 车二平三　马7进6

16. 车三进五　炮5平6　　17. 车三退五　……

吃掉黑方底象后，黑方左翼成为红方主攻方向。

17. ……　　　车2进2　　18. 炮五退一　前车进3

19. 炮五平二　炮6平8　　20. 车七进二　车2平6

21. 仕四进五　车6进1　　22. 炮二进四　车2进7

23. 车三进一　……（图3-48）

急于找到突破口。也可以相七进五诱敌深入，黑方如车2平5，炮二退三，车5退1，马三进五，马6进5，车三平四，黑方如果避兑再车七退一，红车摆脱黑马的攻击，多子占优。

23. ……　　　车2平7

24. 车三退三　马6进5

25. 车三进五　马5退3

26. 车三平二　车6退6

27. 炮二平三　将5平4

28. 炮三进四　……

沉底炮将军,造成黑将位不安的弱点,为红方后续进攻打下基础。

28. ……　　　将4进1

29. 车二退三　马3退5

30. 车二平六　车6平4

31. 车六平八　车4平7

32. 车八进四　将4进1

33. 车八平七　车7进7

如误走车7退2，则车七退一，将4

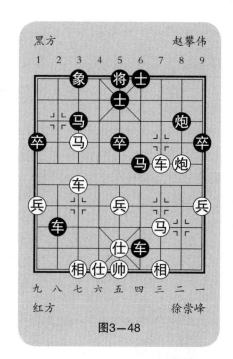

图3—48

退1，车七进一，将4退1，车七进一，绝杀。

  34.仕五退四　马5退3　　35.车七退一　将4退1

  36.车七进一　将4进1　　37.车七退二

黑方认负。